Stefan
Zweig

PARU DANS LA MÊME COLLECTION
Louis-Ferdinand Céline
Virginia Woolf

À PARAÎTRE EN 2013
Albert Camus
Marguerite Duras
Marcel Proust

© *Le Magazine Littéraire*

Stefan Zweig

Le Magazine Littéraire
NOUVEAUX REGARDS

Stefan Zweig, le chasseur d'âmes

Par *Lionel Richard*

C'ÉTAIT UN RÊVEUR. Il commença par rêver sur des poèmes. Et comme son père était riche, il lui fut très vite possible de se consacrer entièrement à ses rêves. Il entreprit des études pour le plaisir de se cultiver, il voyagea pour apaiser son besoin d'évasion. Il écrivit pour épancher ses aspirations. N'ayant d'autre but, sans aucun souci matériel, que de satisfaire la passion de découverte qui le possédait. Attiré par tous ceux qui, malades de leurs désirs, de Rimbaud à Verhaeren et Whitman, invitaient à ne pas se contenter de la vie banale.

Et puis, quelle chance encore, comme s'il ne lui suffisait pas d'être né coiffé : il se révéla doué. Ses poèmes rappellent un peu trop Hofmannsthal et Rilke, mais ses nouvelles obtinrent presque aussitôt, phénomène rare, la double approbation de la critique et du public. À ce point que lui, qui avait déjà largement de quoi vivre, aurait pu vivre de ce qu'il écrivait ! *Brûlant secret* en 1911, *Amok* en 1922, *La Confusion des sentiments* et *Vingt-quatre heures de la vie d'une femme* en 1927 sont des nouvelles qui ont été lues et relues, rapidement traduites en une dizaine de langues. Succès que prolongent bientôt ses biographies de Fouché, de

Marie-Antoinette, de Marie Stuart. À la fin des années 30, il est l'auteur de langue allemande le plus connu dans le monde.

Pourquoi cette réussite ? Il a expliqué lui-même qu'il visait dans ses livres à la simplicité de l'action, au mouvement, à la concentration sur l'essentiel. Il avait en aversion tout ce qui pouvait émousser l'intérêt, la patience du lecteur. Et effectivement : son art de narrateur est d'avoir su doser avec une extrême habileté le pathos, les effets dramatiques et le tragique. Mais Romain Rolland, dans sa préface de 1926 au recueil qui comprend notamment *Amok*, le premier à paraître en français, donne d'autres éléments. Il a, dit-il de lui, la « fièvre de découvrir le secret des grands hommes, des grandes passions, des grandes créations, ce qu'ils taisent au public, ce qu'ils n'ont pas avoué ». Et il ajoute : « C'est un chasseur d'âmes. »

La révélation subtile du caché, la mise au jour des raisons profondes qui conduisent les individus à tel ou tel comportement, voilà vers quoi tend d'abord, assurément, toute l'énergie créatrice de Stefan Zweig ! Les moyens littéraires viennent après. Ce qui le préoccupe, le sollicite, c'est le mystère de l'être humain, et plus particulièrement les contradictions en lui, le jeu en lui entre les pulsions, les instincts, des forces qu'il ne connaît pas mais qui le dirigent, et sa réflexion, son action. Qu'est-ce que la destinée de l'homme, à ses yeux ? Un itinéraire entre deux extrêmes, deux pôles éternels : le romantisme et la réalité.

C'est pourquoi beaucoup de ses nouvelles, de même que son roman *La Pitié dangereuse*, se présentent comme des confidences ou des confessions. Une boîte s'ouvre, un secret en sort lentement. Démonstration s'accomplit que l'individu est inexplicable par ses apparences. Ne pas vouloir comprendre qu'on peut être livré « à des puissances mystérieuses plus fortes que sa volonté et que son intelligence », déclare le narrateur dans *Vingt-quatre heures de la vie d'une femme*, cache simplement « la peur de notre propre instinct, la peur du démonisme de notre nature ». Constatation identique de la part de l'honorable professeur de *La Confusion des sentiments* : ne reconnaissant pas « le miroir intellectuel » de lui-même dans le volume d'hommages qui lui est consacré par ses collègues pour son soixantième anniversaire, il entreprend de montrer, par son « propre exemple, combien reste impénétrable dans chaque destinée le noyau véritable de l'être ».

La « nature démonique », le secret enfoui au fond d'eux et qui les pousse à créer, tel est également ce que Stefan Zweig cherche à faire surgir quand il analyse la vie et l'œuvre des artistes. Kleist prisonnier de la masturbation, Stendhal aimant d'un amour « étrange et passionné » sa mère prématurément disparue, Balzac héritant l'énergie vitale de son père et cherchant en toute femme une amante-mère par frustration d'affection maternelle... Le destin est en soi. Freud, qui eut en Stefan Zweig un admirateur fidèle et son premier vulgarisateur, montre évidemment ici le bout du nez. L'enquête de type psychanalytique est ce qui permet à l'auteur de *Trois maîtres*, du *Combat avec le démon* et *Trois poètes de leur vie*, de parvenir au but qu'il s'est promis : « prêter forme à l'esprit. »

Jusque dans ses études historiques, la psychanalyse affleure. De Taine, auquel il a consacré sa thèse de doctorat et dont il a appris que l'Histoire est de la « psychologie appliquée », il est passé à l'interprétation des grandes personnalités en fouillant leur Moi profond : il qualifie son *Fouché*, par exemple, tantôt d'étude psychologique, tantôt de contribution à une étude biologique. Avec *Érasme*, il aboutit presque parfois à l'inconscient collectif de Jung, puisqu'il voit en Luther, sur lequel se superpose dans l'actualité l'image de Hitler, un « révolutionnaire mû par des forces démoniques jaillies du tréfonds du peuple allemand ».

Mais pour traquer avec tant d'intensité les soubassements psychologiques de l'être humain, ce « chasseur d'âmes » ne dissimule-t-il pas lui-même une irrépressible inquiétude ? Dans *Le Monde d'hier*, il avoue à l'égard de sa propre personne « une défiance presque pathologique ». Aussi est-il curieux de le voir, chaque fois que l'Histoire est en crise, entrer dans le désarroi et chercher des appuis pour le surmonter. Lors de la Première Guerre, il trouve un guide spirituel : Romain Rolland. Plus tard, il se réfugie auprès de grands exemples du passé (Castellion, Érasme) pour conjurer l'irraison qui déferle. Il s'efforce d'y puiser, à son intention comme à celle d'autrui, des leçons de vie. Et quand s'impose la raison de mourir, il a besoin d'un dernier maître : Montaigne qui le convainc de la noblesse du suicide.

Ce dont il est persuadé depuis son enfance et ses premières lectures de poètes, c'est que les forces de l'esprit sont les piliers de l'univers et que seules les créations de l'esprit garantissent l'immortalité. Ces idées marquent sa vision de l'Histoire. « La conquête de la civilisation, la suprématie de l'esprit sur le monde, n'est-ce pas plus important que l'histoire de toutes les conquêtes, considérées une par une, de pays et de villes ? » dit-il aux États-Unis en 1938, dans une conférence qui a pour titre : « Écrire l'histoire de demain. »

Pour lui, fouiller dans le passé n'a de sens que pour corriger l'orientation du présent et annoncer le futur. Il faut mettre en lumière ce qui peut servir au progrès de l'Humanité, non raconter des événements pour les événements. C'est pourquoi, estime-t-il, s'impose la nécessité d'être crédible et cru. Comme il l'explique dans un texte préparé pour le congrès des Pen Clubs à Stockholm en 1939, congrès ajourné, il est à la fois contre les biographies romancées, contre les romans historiques à la Walter Scott, pour le respect des faits, et partisan d'une « poétisation » de l'Histoire :

« Ce n'est que par l'art du récit, par la vision de celui qui le décrit, que le simple fait devient Histoire. » Le style est un instrument qui doit porter le public à s'enthousiasmer pour la vérité, la justice, la grandeur d'âme. Comment douter que l'expérience de l'émigration, le spectacle d'une Europe où triomphait la barbarie, ne l'aient pas ébranlé ? Du jour où il a dû penser constamment à son passeport d'étranger, a-t-il dit, sa personnalité profonde a subi un choc : « Quelque chose de mon identité naturelle et de mon Moi primitif et essentiel demeura à jamais brisé. »

Ultime épisode : il choisit de mourir, tout en léguant à la postérité un appel masqué à se battre pour survivre, sa nouvelle *Le Joueur d'échecs*. Ombre et lumière, lumière et ombre ! Comme le soulignent les derniers mots du *Monde d'hier*, c'est l'idée qu'il s'est toujours faite de la loi du temps et de l'accomplissement de toute existence : « Toute ombre, après tout, est fille de la lumière, et seul celui qui a éprouvé la clarté et les ténèbres, la guerre et la paix, la grandeur et la décadence a vraiment vécu. »

I
Un esprit protéiforme

Les heures étoilées de l'humanité

Par Jean-Michel Palmier

SI LA PROSE DOUCE ET MUSICALE, la sensualité de ses récits, la beauté de son autobiographie, *Le Monde d'hier,* suffiraient à donner à Stefan Zweig une place centrale dans la littérature du xxe siècle, force est aussi de reconnaître qu'en nombre les biographies historiques l'emportent sur ses œuvres de fiction. Encore qu'il soit difficile de les dissocier de ses romans et d'une certaine philosophie de la vie et de l'histoire qui donne à chaque personnage, chaque figure historique, une place dans sa vision du monde.

Un simple regard sur l'ensemble de ces biographies historiques suffit à montrer la diversité des époques, des styles, des thèmes qu'il a abordés. Les hommes qui ont retenu son attention, éveillé sa curiosité et sa passion, au point d'en tracer un portrait psychologique, sont si hétéroclites qu'ils défient en apparence toute classification. Citons au hasard : Balzac, Dickens, Dostoïevski, Casanova, Stendhal, Tolstoï, Castellion, Calvin, Émile Verhaeren, Érasme, Mary Baker, Mesmer, Freud, Fouché, Marie Stuart, Marie-Antoinette, Magellan, Romain Rolland, Kleist, Hölderlin et Nietzsche. Parfois, ils font figure de solitaires, blocs erratiques charriés par l'histoire, et qu'il élève au rang de symboles, parfois ils sont réunis en d'étonnants triptyques. Aux *Trois maîtres* (Balzac, Dickens, Dostoïevski) correspondent *Trois poètes de leur vie*, consacré à Stendhal, Casanova, Tolstoï, et *Le Combat avec le démon*, évoquant les destins tragiques de Kleist, Hölderlin et Nietzsche.

Sans prétendre proposer un fil d'Ariane permettant de s'orienter dans ce labyrinthe de biographies, leur relecture invite aussi à poser de nouvelles questions et à approfondir, en s'interrogeant sur sa méthode, ses goûts littéraires, ses jugements historiques, des aspects non négligeables de l'univers de Stefan Zweig et de la littérature de son temps.

La biographie littéraire ou le roman historique est assurément un phénomène typique des années 20-30, qui marqua toute l'Europe. Si en France, de nombreux éditeurs ont consacré des collections entières à ce genre, il rencontra en Allemagne, auprès des éditeurs et surtout du public, une étonnante faveur. C'est par centaines de milliers que se vendaient ces biographies, parmi lesquelles figuraient le pire et le meilleur : les plus grands écrivains de l'époque ont pratiqué ce genre, les plus mauvais aussi. Outre Stefan Zweig, il faut citer Lion Feuchtwanger, Heinrich Mann, Bruno Frank, Ludwig Marcuse, Gustav Regler qui, avec des sensibilités très différentes, donneront à la biographie historique ses lettres de noblesse. Aussi, loin de représenter des œuvres mineures, voire de commande, biographies et romans historiques constitueront une part non négligeable de la littérature allemande à la fin de l'Empire, sous la République de Weimar et en exil, après 1933.

Encore faut-il préciser que la fonction idéologique et l'importance de ces ouvrages varieront profondément selon les époques. Certains écrivains ou universitaires doivent leur renommée, leur succès auprès du grand public, à ce genre. Emil Ludwig en est le paradigme négatif : de Guillaume II à Mussolini, en passant par les écrivains les plus célèbres de la littérature universelle, il y a peu de portraits qu'il n'ait esquissés, dans l'ensemble assez médiocres. Il s'agit pour Ludwig avant tout de livrer à la curiosité des lecteurs la vie de telle ou telle personnalité illustre, avec parfois une absence d'esprit critique qui le rendra suspect à certains émigrés antifascistes après 1933 : ils lui pardonneront difficilement ses portraits de Mussolini et de Guillaume II, par exemple.

Même si les biographies historiques de Stefan Zweig correspondent à la sensibilité de l'époque, elles répondent à des exigences bien différentes. On ne saurait pourtant les juger hors de ce contexte. La biographie historique n'a assurément plus la même fonction aujourd'hui que dans les années 20-30. Jadis, elle constituait non seulement un genre littéraire respectable, mais, dans ses plus hauts sommets, offrait une sorte de symbiose entre un personnage historique et un écrivain vivant, qui lui prêtait sa propre sensibilité, à partir d'exigences personnelles plus ou moins explicitées. C'est dans cette dimension que prennent place la plupart des biographies écrites par Stefan Zweig, du début des années 40 à son suicide au Brésil.

Dans son étude sur *Le Roman historique* (éd. Payot, 1965), Georges Lukacs reproche à Stefan Zweig de n'avoir jamais su dépasser cet « humanisme libéral » qui culmine justement dans ses biographies. La réalité est en fait plus complexe. Humaniste, Zweig le fut jusqu'à sa mort, et c'est une certaine passion pour l'homme, un enthousiasme pour la vie même dans ce qu'elle a de plus cruel et de plus tragique, souvent visible chez lui dans le choix du personnage dont il décide de retracer l'existence ou d'esquisser le portrait. Peu importe qu'ensuite il les assemble ou non en triptyques, au gré des éditions successives, les opposant les uns aux autres ou les comparant. Chacune de ses reconstitutions historiques ou biographiques peut se lire de manière autonome. Comme tout portrait, elle s'identifie à un regard subjectif, et Stefan Zweig n'a jamais prétendu faire œuvre d'historien.

Amateur d'art, collectionneur d'œuvres, de manuscrits, d'autographes, il écrivit des biographies qui répondent à des exigences aussi bien éthiques qu'esthétiques. C'est une gigantesque galerie d'hommes et de femmes, héros, vainqueurs ou vaincus, pour lesquels Zweig éprouve un mélange d'admiration, de respect et de fascination, qu'il retrouve chez eux des éléments de sa propre sensibilité (Verhaeren, Nietzsche, Hölderlin) ou s'étonne de les découvrir si opposés à sa propre nature (Balzac). En aucun cas, on ne saurait les considérer comme de véritables travaux historiques, des œuvres d'érudition abstraite : il ne s'agit que d'un tableau subjectif qui répond toujours à une intention précise. Et si beaucoup de ces biographies se lisent aujourd'hui avec des sentiments mitigés, méritent parfois le reproche de naïveté ou de sentimentalité, pèchent par manque d'informations ou d'objectivité, leur totalité constitue toujours un étonnant paysage spirituel, si l'on sait retrouver le regard de Zweig qui opposait si volontiers « les belles légendes fleuries des poètes » à « l'hostilité haineuse et tatillonne des documents desséchés », et qui affirmait que « la poésie l'emporte toujours sur l'histoire ».

Quels personnages ont le plus fasciné Stefan Zweig, dans la littérature et l'histoire ? D'abord les « génies » capables de susciter « à côté du monde réel un autre cosmos », comme il le dit dans la belle biographie qu'il consacra à Balzac et qui fut publiée dans une version amputée lors de son exil, puis, en totalité, après sa mort. Stefan Zweig ne cessa de s'interroger sur l'énigme de la création artistique, l'élément trouble qu'il sentait lié à son essence, comme le montrent certaines notations de ses *Journaux*. Il était aussi incapable de séparer une œuvre de son enracinement vécu. Et ce qu'il ressentait chez lui, de manière aiguë, il était tenté de le comprendre aussi chez les autres, dans le triomphe ou la détresse.

À ces portraits de créateurs, de démiurges, appartiennent ses différentes études sur Balzac, qu'il ne cessa de remodeler tout au long de sa vie, et qui témoignent de l'enthousiasme qu'éprouva l'adolescent viennois pour celui qu'il désigne comme « le maître de l'Europe littéraire ». S'il existait assurément peu de rapports entre Balzac et la jeune génération autrichienne, il faut aussi rappeler que Balzac se rendit à Vienne en 1835 et que ses œuvres complètes seront préfacées par le jeune Hofmannsthal. Zweig ne nous apprend assurément rien de nouveau sur l'œuvre de Balzac et sa biographie s'adresse avant tout à un public non francophone. Mais avec des détails connus, il réussit étonnamment à ménager des effets dramatiques auxquels on est toujours sensible, ainsi l'évocation de l'ultime visite de Hugo au chevet du moribond. Et dans la seule description de la pluie qui accompagne le cercueil, on retrouve la magie de toute l'œuvre de Zweig.

La biographie de Dickens qu'il écrivit est assez proche, dans son inspiration, de celle de Balzac, et la fascination que l'un et l'autre exercèrent sur Zweig se comprend aisément : tous deux parviennent à susciter des univers littéraires qui sont de véritables totalités sociales. C'est la même force, mais tournée vers les profondeurs de l'âme qu'il célébrera encore chez Dostoïevski. Assurément, il y a aussi quelque chose de dostoïevskien chez l'auteur d'*Amok* et de *La Confusion des sentiments*. Ces trois auteurs, il les désigne comme des « constructeurs épiques de l'univers ».

Un autre type de créateur qui fascinera Zweig, c'est celui que représentent Stendhal, Tolstoï et Casanova, dont il ébauche les portraits dans *Trois poètes de leur vie*. La création n'est pas orientée chez eux vers la construction d'un univers de fiction capable de se substituer à la réalité elle-même. Elle tente de faire de la vie une œuvre d'art, de transformer chaque geste en poésie, au sens où l'on disait de Rilke qu'il était poète, même lorsqu'il se lavait les mains. Au macrocosme de Balzac et de Dickens, aux gouffres dostoïevskiens s'oppose le microcosme intérieur, que l'on déroule devant soi, comme un paysage enchanté. Tout en reconnaissant qu'il existe peu de rapports entre « un moraliste héroïque » comme Tolstoï et un « filou libertin, un écrivain douteux » comme Casanova, Zweig les unit à Stendhal comme autant de degrés d'un même stade – au sens où Kierkegaard évoque, par exemple, les différentes étapes plus ou moins spiritualisées du stade esthétique.

Trois autres portraits complètent cette investigation de la création, des rapports entre le moi et l'œuvre, ceux de Kleist, Hölderlin et Nietzsche rassemblés sous le titre *Le Combat avec le démon*. Ici encore, Zweig ne cache pas les différences qui les opposent, mais il croit reconnaître en eux des « formes d'esprit » communes, et il revendique autant la méthode du peintre que celle des *Vies parallèles* de Plutarque, pour fonder sa propre approche biographique « comparatiste ». L'introduction développe une curieuse conception de la création et du démon, principe d'exaltation et de destruction que chacun porte en lui. En dépit de la diversité de leurs œuvres, de leurs sensibilités et de leurs destins, Kleist, Hölderlin et Nietzsche en furent les victimes. Et c'est beaucoup plus dans l'évocation du tragique de ces vies que dans celle – bien rapide et abstraite – qu'il propose de la pensée de Nietzsche, qu'il nous touche encore.

Plus « daté » sans doute, le « triptyque » qu'il consacre à Mary Baker Eddy, Mesmer et Freud sous le titre *La Guérison par l'esprit*. S'il semble comparer des œuvres qui n'ont guère de rapports entre elles, il témoigne surtout de cette croyance dans le pouvoir de l'esprit, de la foi dans sa supériorité, dont ne se départira jamais Stefan Zweig. Enfin, il convient de mentionner deux autres portraits de contemporains, celui de Romain Rolland qui, par sa sensibilité, lui fut très proche, et celui d'Émile Verhaeren. Bien qu'écrite en 1910, cette étude sur le poète belge injustement oublié aujourd'hui est sans doute l'une de celles qui restituent le mieux ce que signifia ce « nouveau pathos » qui marqua la génération d'avant 1914.

Stefan Zweig a consacré plusieurs biographies, par ailleurs, à des personnages historiques. Les plus célèbres sont celles de Joseph Fouché, Marie Stuart et Marie-Antoinette. En dépit de la documentation qu'il a accumulée, on ne peut nier leur relative faiblesse. Mais faire œuvre d'historien n'est pas son but. Pour les deux dernières – Marie Stuart et Marie-Antoinette –, il s'agit presque essentiellement de défendre, par une sorte d'étrange esprit chevaleresque, deux « reines martyres » injustement calomniées par l'histoire. Et surtout, loin de vouloir s'attacher à des figures grandioses, il cherche moins à renouveler leurs mythes qu'à les rendre plus humaines.

On chercherait vainement, par exemple, dans sa biographie de Marie-Antoinette, une perspective historique précise. Ce qui intéresse Stefan Zweig, c'est de montrer que l'histoire, comme un artiste, se sert des matériaux les plus insignifiants pour ériger des épopées tragiques. Aussi affirme-t-il que Marie-Antoinette « n'était ni la grande sainte du royalisme, ni la grande grue de la Révolution, mais un être moyen, une femme en somme ordinaire, pas trop intelligente, pas trop niaise, un être ni de feu, ni de glace, sans inclination pour le bien, sans le moindre amour du mal, la femme moyenne d'hier, d'aujourd'hui et de demain ». Et c'est le même portrait émouvant et meurtri qu'il tracera de

Marie Stuart. Les figures historiques de Zweig ne sont pas des créateurs comme les écrivains qu'il évoque, mais plutôt des êtres moyens dont la vie, la mort, vont prendre, grâce à l'histoire, la dimension d'une tragédie. Et c'est dans leur échec qu'il les trouve grandioses parce que leur calvaire les élève au-dessus de l'humain, comme il le disait déjà de Nietzsche.

Si la biographie historique constituait sous la République de Weimar un genre littéraire parmi d'autres, elle allait devenir l'enjeu de débats passionnés, au sein de l'émigration antifasciste, après 1933. Se sentant infiniment plus concernés par l'histoire, nombre d'écrivains en exil allaient écrire biographies et romans historiques, cherchant souvent dans les images du passé des possibilités d'éclairer le présent et de combattre le national-socialisme. Pourtant, très tôt apparut le reproche qu'il s'agissait d'une fuite dans le passé, par peur du présent et incapacité à l'affronter. L'écrivain praguois F. C. Weiskopf critiqua de manière assez violente, en 1935, les ouvrages historiques écrits par les émigrés. Cette critique fut suivie de peu d'effets, puisque Paul Frischauer édita son étude sur Beaumarchais, Hermann Kesten son livre sur Pierre le Grand, Zweig sa biographie de Marie Stuart. Enfin, parmi les romans historiques, parurent *La Jeunesse du roi Henri IV* de Heinrich Mann et *La Symphonie pathétique* de Klaus Mann, évoquant le destin de Tchaïkovski.

Kurt Hiller, ancien poète expressionniste, violemment hostile à l'historicisme, dénonçait, encore plus violemment en décembre 1935, cet engouement pour les biographies historiques comme une mode « réactionnaire », se demandant comment un antifasciste pouvait sérieusement écrire en exil un ouvrage sur Catherine de Russie, Joséphine de Beauharnais ou Christine de Suède. Il concluait : « Hitler sera demain empereur d'Europe parce que des littérateurs avides d'argent et lâches devant le présent ont fui. »

Comme le montrera Lukacs dans *Le Roman historique*, la problématique politique dans laquelle prenaient place ces biographies historiques était beaucoup plus complexe que ne le laissent entendre Weiskopf et Hiller. Si les émigrés développaient ce genre, ce n'était pas par lâcheté et recherche de profit, bien que tous les ouvrages historiques écrits en exil soient loin d'avoir un sens politique. Souvent ces biographies s'efforçaient de répondre aussi à des exigences politiques. Tout d'abord en donnant des personnages les plus importants des histoires nationales des visions progressistes s'opposant à leur confiscation par l'historiographie nazie. Elles cherchaient aussi, dans les figures du passé, des symboles d'un « humanisme militant », au sens de Heinrich Mann, permettant de dénoncer la barbarie hitlérienne. Enfin – comme Heinrich Mann dans *La Jeunesse du roi Henri IV* ou Lion Feuchtwanger dans *Le Faux Néron* –, ces allégories tentaient d'éclairer les mécanismes du national-socialisme.

Si Stefan Zweig s'est maintenu à l'écart des luttes politiques des émigrés, il a néanmoins contribué à ces exigences formulées aussi bien par Dimitrov que Lukacs, en proposant ces célèbres portraits d'Érasme et de Montaigne, dont il lira les *Essais* jusqu'à son suicide. Il célébrait en eux deux images d'un monde dont il ne contemplait plus que les ruines, alimentant de leur scepticisme son propre désespoir.

Aussi, serait-il injuste de relire aujourd'hui, souvent plus d'un demi-siècle après qu'elles furent écrites, ces biographies historiques qu'affectionnait tant Stefan Zweig comme s'il s'agissait des travaux d'un historien. Ce qui compte, c'est moins les erreurs objectives qu'il commet ou les approximations que son regard, sa sensibilité, sa tendresse pour ceux dont il a entrepris de retracer la vie. Comme un peintre, il en a donné une vision subjective, tissée d'émotion, d'effroi, de pitié, de fascination. Écrivains, créateurs, hommes devenus illustres et tragiques contre leur volonté, il s'est attaché à découvrir en eux des moments de la conscience universelle où s'affrontaient l'humanité et l'inhumanité, où la liberté et la justice étaient en jeu. Ni simples divertissements, ni ouvrages de spécialistes, ces portraits représentaient pour lui quelque chose comme « les heures étoilées de l'humanité » qu'il aimait à contempler comme un ciel d'été qu'on voudrait ne jamais oublier.

1942 images seconde

Par *Isabelle Rabineau*

QU'EST-CE AU JUSTE QUE MOURIR EN EXIL ? Pour Lotte et Stefan Zweig, le 22 février 1942 à Petrópolis, près de Rio de Janeiro, la mort a un double visage. L'interprétation immédiate que l'on en fit, le contrôle de l'image de Zweig exercé à la seconde même de sa fin, indique que, parmi toutes les projections, les dernières, si elles semblent lui échapper, le portraitisent au contraire comme il l'augurait : en total exil de lui-même, invisible, illisible, et en dernier recours indéchiffrable à l'échelle de l'infini. Reste sa tombe, dans laquelle nous puisons toutes ces vies que Zweig fit pleuvoir à l'intérieur de sa propre errance d'exilé : Montaigne, Balzac, parmi les derniers à l'avoir peuplée.

Demeure une image renversante, cinéma muet à l'intérieur de l'œuvre, qui soudain s'entrouvre sur un boîtier découvrant sa métonymie secrète : Stefan Zweig joue longuement aux échecs avec son ami Feder avant de se donner la mort ce 22 février-là. Exit Zweig. Resurgit alors du double fond *Le Joueur d'échecs*, première édition posthume publiée en 1943 à Stockholm. Tombés, le Roi et la Reine, Lotte et Stefan, ne sont pas pour autant mat. La partie continue invariablement, toujours à la même vitesse : 1942 images seconde.

Qu'est-ce au juste que vivre en exil ? Stefan Zweig prend conscience, semble-t-il, très tôt de l'importance des totems de la grande représentation qui va donner au siècle la mesure de sa beauté et de son horreur. Des effigies rouges et brunes brûlent les esprits à l'acide, tandis qu'il portraitise à la taille-douce, en mots caressants, les figures de Sigmund Freud et de Theodor Herzl, de Salvador Dali et de Jules Romains. On est saisi par le nombre de bromures, de poses, de photos d'identité renvoyant très tôt son autoportrait multiplié, l'œil enjoué, certes, mais toujours aux aguets, jamais pris au dépourvu : Zweig sait qu'il offre sa face aux visages à venir, à tous ceux qui vont défilant observer au-devant d'eux cet ensemble de noirs et de blancs percutants, qui pour tous identifiera bientôt la première partie du XXe siècle. Photos de New York, de Paris, en Inde, à Bath, photos de familles avec Friderike chez lui, dans des demeures sophistiquées, comme la maison du Kapuzinerberg à Salzbourg, où il s'inventa des vies dans un mobilier minutieusement reconstitué. La vie doit être précieuse. Une biographie, la sienne propre, s'écrivait, s'enroulait sur elle-même : Zweig tint le registre de sa correspondance. Il est traduit dans le monde entier, on lui écrit de partout, son image littéralement implose sous le succès. Zweig conçoit lui-même son propre registre où il note ses droits d'auteur, avec la liste de ses traducteurs et de ses éditeurs. Voilà pour l'image – rectiligne – de l'écrivain au faîte de sa célébrité. Peut-être l'un des plus emblématiques, dans sa jeune modernité, d'un temps comprimé entre hier et demain, et à ce titre fondateur. La prégnance de l'image de Zweig s'explique d'abord par cette image irradiante, européenne, d'un écrivain-roi. L'empire était alors austro-hongrois.

Puis, plus tard, les photos brésiliennes. À Rio, il erre, laissant quelques traces sur des plaques négatives. Peu de portraits d'où il ne jauge l'objectif avec l'avidité étonnée qu'il met à choisir ses personnages de prédilection, êtres de confusion et de rupture, parmi la foule des indifférents. Ce sont des personnages brouillés, parfois hors de notre vue tant ils sont évanescents et pourtant si tenaces sur la gélatine. Comment oublier les gestes lourds et précis, tellement abstraits du joueur d'échecs ? Que pèse la vie d'un joueur d'échecs ?

Comment survit-on en exil ? C'est avec la même joie anticipatrice, le sens inné de la translation dans le temps qui l'avait autrefois porté vers la collection, que Stefan Zweig continue imaginairement à classer, à réunir les autographes et les masques mortuaires ayant appartenu à des mains, à des corps, à des âmes d'artistes vénérés. Il rédige des biographies, crée des réseaux d'affinités électives entre les œuvres qu'il aime. Car Zweig fut, on l'oublie trop souvent, un collectionneur forcené, un homme qui aimait à admirer, un homme voué aux images vacillantes, évidemment séduit par celles qui soudain s'arrêtent : à l'instar de Kleist qu'il aimait, il proposa toujours aux femmes adorées le double suicide. Avec Lotte, il y parvint.

Alors même qu'il contribuait à l'édification de sa propre légende en tant qu'écrivain cosmopolite, à travers les signatures amoureusement collectées des autres, il tapissa son bureau, afin de préserver son existence même, de toute la sagesse et la raison universellement reconnues. De redoubler les murs de la maison de Vienne, de calfeutrer la maison de Salzbourg des phrases de Nietzsche, Hölderlin, Dostoïevski, Balzac, Rilke, comme autant de formules propitiatoires. Rien n'y fit. Zweig aimait l'Autriche. L'idée même qu'on l'en chassât un jour, il ne l'accepta sans doute jamais. Il avait tenu le violon du jeune Beethoven dans ses mains, joué avec les tiroirs du bureau précédemment acquis du virtuose, il avait pour lui toutes les signatures les plus recommandables du monde, et pourtant il fut banni, renié. Quand donc commença l'exil ? Au cœur du cercle de « ceux de demain » au Café Beethoven ? Ne fut-il donc jamais l'homme d'un présent ? Dans l'ambiguïté même de son désir d'appartenance au peuple autrichien, lui dont le judaïsme paternel était le mieux du monde assimilé ? Une lettre de Joseph Roth à Stefan Zweig datée du 7 novembre 1933 désigne, critique, le trouble dans lequel se trouvait alors l'auteur de *La Confusion des sentiments* : « [...] Croyez-moi, l'urgence m'impose un ton solennel qui m'est pénible : entre nous deux il y aura un abîme tant que vous n'aurez pas rompu intérieurement avec l'Allemagne. »

Cherchons dans les images, puisque précisément Stefan Zweig est l'un des auteurs parmi les plus lus, et les plus adaptés au cinéma et à la télévision. Interrogez autour de vous : *Amok*, *Vingt-quatre heures de la vie d'une femme*, *Le Joueur d'échecs*, *La Confusion des sentiments*, *Le Monde d'hier* et même les biographies, celle de *Marie-Antoinette* ou de *Montaigne*, sont des livres lus, présents, personnifiés, chacun y a relevé un trouble particulier qui l'a fait trébucher subrepticement comme en lui-même : c'est dire qu'on ne s'explique pas aisément le succès de Zweig, sinon en se regardant dans un miroir. Apparaît *Le Monde d'hier*, tel qu'il a su le décrire, englobant même des temps plus anciens qu'il replaçait dans sa propre chronologie, celle d'*Hier* ; et qu'importent les clichés, les erreurs, les défauts, force nous est de reconnaître que la précision et la justesse de ce qu'il désigne – une confusion sourde, les prémices d'un mouvement tonitruant certes, mais sécable en séquencements détachés et successifs – est retenue par tous comme correspondant à ce qu'il nous semble avoir perdu et ce dont nous manquons : le monde d'hier.

En effet, pourquoi Zweig dans le cœur des lecteurs, plutôt qu'Arthur Schnitzler ou Hermann Hesse, pourquoi Zweig plutôt que Musil ou les Mann, Thomas et Klaus ? La réponse est inscrite, là encore, au centre de l'image dont Zweig avait si intuitivement pressenti l'impact. Par image, entendons l'objet d'une vie et tous les détails qui l'entourent, au sens du biographique à la Zweig, vision totale et en coupe. D'où nous parle Zweig ? D'où nous parle-t-il exactement ? 1942 images seconde. Voilà la frontière que ses pas n'ont pas franchie. Pour nous qui nous débattons avec ces dates, avec ce temps-là, le suicide indique ce que nous ne pouvons pas perdre de vue : l'issue n'a pas encore eu lieu, pas plus que Zweig n'a désiré la connaître. C'est dire que nous y sommes toujours, à 1942 images seconde. Et quand bien même il aurait pu se sauver, éviter les camps, l'horreur lui apparut si pleinement désirée par les hommes eux-mêmes qu'il préféra fermer les yeux. 1942 images seconde, et rien, véritablement rien de neuf depuis. Avouons-le, nous piétinons toujours au même endroit, il y fait froid et noir. Peut-être, pour une fois, avons-nous une idée précise quant à l'état d'esprit de celui qui n'a pas voulu continuer à vivre. Nous savons ce qu'il savait à 1942 images seconde, d'ailleurs il l'a écrit : l'horreur. De quoi nous tenir les yeux ouverts, et dérouler pour eux des rouleaux d'images ! *Le monde d'hier* !

Dans la pénombre brésilienne de Zweig, peu importe que les événements se soient visiblement infléchis par la suite ; le film est reprojeté sans cesse. L'image renvoyée, immuablement répétée, celle de l'intellectuel parfait, homme de qualité, assimilé à souhait, puis catapulté, désespéré, exilé, stoppé net, réveille en nous un point nerveux : libre, il a préféré en finir, car il ne croyait pas que cela irait mieux dans « le monde de demain »... Sait-on lui donner tort ? Ce que nous savons du suicide de ce fin connaisseur des âmes, de ce limier observateur du malaise dans la civilisation nous susurre logiquement à l'oreille ce que nous savons au reste de nous-mêmes. Zweig n'a pas cru croire en nous, et d'ailleurs nous n'y croyons plus nous-mêmes. Est-ce bien cela, la lecture en exil que nous faisons à chaque fois de Zweig lorsque nous relisons *Le Joueur d'échecs*, et que depuis l'abstraction totale de sa mort volontaire en regard de notre propre servitude, Zweig semble nous faire un triste signe de la main ?

Relayé plus tard par Paul Celan, plus tôt par Kafka, fait-il partie des regardeurs incrédules de ce siècle, pour lesquels cependant la stridence des écrits a assuré une étrange survie, souhaitée de part et d'autre d'ambivalente façon ?

Placer Zweig entre Franz Kafka et Paul Celan ? L'essai comparatif organisé en triptyque, souvent d'apparence insolite, voire hétéroclite, fut bien souvent le point de départ de sa réflexion analytique comme dans *Trois Maîtres, Trois poètes de leur vie*. *Le Monde d'hier* devait d'ailleurs s'appeler « Mes trois vies », Zweig suivant toujours son goût singulier de la dimension tripartite. Romain Rolland, Émile Verhaeren furent les pères spirituels de Zweig, formant avec lui une triade rêvée, mais construite narrativement, par correspondances interposées. Seul Stefan Zweig, plus jeune des trois, allait connaître la seconde vie, celle de l'errance hors du monde d'hier. Sa troisième vie dure toujours, le destin de certains livres est d'agoniser sans fin.

L'image dépliée en trois, diffractée comme celle des retables, retient une lumière purement mélancolique, défaite par le doute qui l'affleure et troue d'ombres ses fines attaches. Le sentiment profond du désastre est inscrit dans le centre de gravité de chaque mouvement : Zweig peut hier décrire des bals, les danseuses portent des parures de nuit guère plus viables que la rêveuse texture des ailes des papillons. Dans *Ivresse de la métamorphose*, la jeune postière devenue du jour au lendemain le sosie d'une jeune héritière aristocratique n'en sera guère que la doublure brûlante. Ce que son âme ne veut pas voir le temps d'un songe somnambulique, la redoutable désignation identitaire le lui remettra en mémoire dès le jour levé.

Voilà précisément en quoi Zweig reste vif en nous, par le coulissement vertigineux d'images inoubliables, dans leur définition quasi chimique d'une confusion naissante, portraits en mouvement se fanant à vue d'œil, n'en finissant pas de se flétrir, dans un spasme chaotique terriblement odoriférant, concret, visuel. Dans cette transparence chétive des êtres, dans l'ondoiement illuminé de certains bords de scène, dans les fonds décrits dans l'analyse pathologique plus que dans le détail réaliste, le cinéma devait trouver de quoi nourrir son inlassable faim de fétiches, de signes, de figures en représentations morcelées.

Si Stefan Zweig pourchassait les textes des hommes du passé qu'il chérissait, il marchait longuement, quadrillant les villes, Paris du côté du Palais-Royal en compagnie de Rainer Maria Rilke, voyageant dans un monde qui se calque encore – bien qu'imparfaitement et d'autant plus curieusement – au nôtre : Mexico, Shanghai, Le Caire, Moscou, Londres... Relisez *Le Monde d'hier* que nous verse dans la rétine Stefan Zweig, et voyez combien étrangement, combien fantasmatiquement, ce monde-là, au point où il était de son basculement en 1942 images seconde, est encore réfléchi par les fantomatiques vies peuplant nos ruelles sombres, nos pavés disjoints, dans le même abandon de tout, dans un semblable battement de vie irraisonné, si vain sous la catastrophe planante.

Ces deux mondes s'imprègnent l'un de l'autre encore très visiblement, sans doute comme une photographie où les amis de l'enfant cherchent à découvrir les traits respectifs des parents qu'ils découvrent pour la première fois, assis de chaque côté de leur camarade de classe qu'ils connaissent si intensément. Le visage bien connu se scinde, se froisse en sourcils et menton, en joues et yeux, en front et découpe des cheveux. Plus encore, ces images romanesques bougent déjà dans le rythme propre du cinéma, les *Vingt-quatre heures de la vie d'une femme* sont séquencées presque naturellement pour le magasin du projecteur – 24 images/seconde –, les robes, les expéditions en voitures, les dialogues et les imbroglios narratifs possèdent cette vie ligneuse mais aussi légère, éphémère, fugitive, propre au cinéma qui s'échappe, se dévidant tout en tournant à l'infini sa bobine.

Dans ces portraits, que voyons-nous ? Nous contemplons le diaphragme de notre grande mélancolie, et dans sa lucidité, nous gagnons un peu la nôtre, peu certains de savoir encore lui donner un nom : « Que malgré sa lucidité infaillible, malgré la pitié qui le bouleversait jusqu'au fond de son âme, il ait dû assister à cette effroyable rechute de l'humanisme dans la bestialité, à un de ces accès sporadiques de folie qui saisissent parfois l'humanité, comme celui que nous vivons aujourd'hui, c'est là ce qui fait la vraie tragédie de la vie de Montaigne », écrit Zweig peu avant sa mort.

Éclats de lumière sur l'obscurité de l'être

Par Claude Mettra

SANS DOUTE EXISTE-T-IL, DANS LA VASTE MÉLODIE DU MONDE, une note de musique spécialement destinée à l'un ou l'autre d'entre nous. Il est des êtres humains qui jamais n'auront soupçon de cette résonance dont leur âme aurait eu besoin pour s'illuminer ou se transformer. Il en est d'autres qui la découvrent en un moment révélateur où leur être tout entier va être emporté par le flux d'une vie, pour le meilleur ou pour le pire, bouleversante. C'est à eux que s'est attaché, tout au long de son parcours romanesque, le regard de Stefan Zweig.

À l'époque même où la psychanalyse cherche à lire le destin humain en en fouillant les racines obscures, Stefan Zweig, si fasciné qu'il soit par l'aventure de Freud, nourrit sa curiosité des événements de la vie, de ces jeux imprévus que le hasard sème sur nos routes.

La source lointaine, ignorée peut-être de Stefan Zweig lui-même, de cette quête de l'accidentel, il faut peut-être la découvrir dans le premier grand récit du romantisme allemand, je veux parler du roman *Anton Reiser* de Karl Philipp Moritz (enfin traduit, deux siècles après sa parution, aux éditions Fayard). Pour Karl Philipp Moritz, l'âme humaine porte en elle les germes de multiples vies. Aux aspirations du cœur répondront diversement les accidents du quotidien, les rencontres imprévisibles et les passions d'autrui. C'est l'existence, morcelée et contradictoire, qui nous choisit. Tout ce que le narrateur peut dire des êtres n'est jamais que découverte d'un fragment de vie.

À cette fragmentation du destin répond l'art de la nouvelle. Comme Katherine Mansfield, comme Maupassant, comme Tchekhov, Stefan Zweig n'aperçoit les êtres que dans leur présent immédiat. Le passé est gouffre et oubli, le futur rédemption ou damnation incertaines. L'un et l'autre sont paysages de l'ombre. Seule retient l'attention de l'écrivain l'irruption, dans le tissu des jours, d'un appel venu du dehors.

À quelle part de notre cœur s'adresse cet appel ? Pour Zweig, une infinité de secrets nous habitent. Nombre d'entre eux demeureront à jamais dans les ténèbres. Quelques-uns viendront à la lumière, parce qu'au détour d'une rue, au hasard d'une parole vaguement entendue, au gré d'un rayon de lumière posé sur un visage inconnu, le cœur déchiffre brutalement un signe à lui seul adressé ! C'est la plongée dans l'inconnu d'un destin jusque-là sans rides qui va se trouver confronté brusquement, le temps d'un jour ou d'une nuit, à l'éblouissement et à la dérision d'un autre destin. Et ce qui obsède Stefan Zweig, c'est cette lumière qui s'introduit alors dans la conscience de l'être, comme le raconte ce don juan des faubourgs décrit dans *La Nuit fantastique* : « Le déferlement de cette passion venait d'ouvrir avec violence une porte de mon être : un abîme venait de se creuser en moi ; avec volupté, je regardais fixement cet inconnu qui était en moi et qui à la fois m'effrayait et me rendait heureux... » Mais à quel monde ignoré de notre âme nous renvoie ainsi l'événement ?

Il y a dans la demeure du secret deux étages : un grenier et une cave. Dans le grenier réside le secret que nous portons en nous, mais dont nous connaissons plus ou moins le visage et qu'à notre insu nous révélons parfois aux autres mais toujours couvert de masques. Dans la cave, il y a un autre secret tapi au fond de l'âme et dont nous ne pouvons que soupçonner l'énigmatique présence sans en jamais connaître la figure. Et celui-là est peut-être le centre de notre destinée. C'est lui qui, secrètement, choisit pour nous ce que nous croyons être les hasards du quotidien, et qui en réalité constitue la trame vivante de notre devenir. Et la vie nous révèle « combien reste impénétrable dans chaque destinée le noyau véritable de l'être, la cellule plastique d'où jaillit toute croissance ».

Dans *La Confusion des sentiments*, Stefan Zweig évoque un vieil homme qui a reporté sur l'un de ses jeunes étudiants sa passion ancienne et déchirante pour les adolescents. Dans la relation intellectuelle qui s'établit entre eux, c'est le corps diminué à la fois par l'âge et par l'angoisse qui parle, mais la parole est cachée, indéchiffrable. C'est seulement au moment de la séparation, quand le professeur sait qu'il lui est encore permis de prononcer pour la dernière fois une parole d'amour, un « je t'aime » dérisoire et désespéré, que l'étudiant découvre l'âme de son maître dans son inatteignable solitude.

Mais le vieil homme abrite aussi un autre secret, qui est d'une certaine manière la face cachée de ses amours interdites. Tout ce que l'existence a étouffé ou persécuté en lui s'est réfugié dans un coin obscur de son cœur, l'a relié à une image plus vaste de l'amour, lui a découvert les mystères de l'esprit qui sont passions, fécondités et émerveillements. Cette voix de l'amour universel, celui qui est chez les hommes, mais aussi dans les choses, dans les saisons, dans les éléments, va être pour ses étudiants enchantements et découvertes d'eux-mêmes et du monde. Comme si, au-delà de nos fragilités, de nos pauvres limites humaines, de nos différences mal acceptées, l'esprit trouvait toujours en nous un lieu d'où il nous façonne à notre insu et d'où il parle à travers notre propre corps, nos propres contradictions.

Ce qui fascinait Stefan Zweig quand il écrivait ses grandes biographies comme celles de Magellan ou de Marie Stuart, c'était de tenter de retrouver l'unité d'une vie ou d'une œuvre, la trame visible d'un destin où se rejoignaient le commencement et la fin. Mais c'est là une tâche de composition ou de recomposition. La vie véritable n'a peut-être pas d'unité, pas de filiation reconnaissable. L'âme humaine ressemble plutôt à un de ces rochers déchiquetés dont la vie utilise les failles pour y déposer ses alluvions. Gaston Bachelard disait que l'oiseau est rond, comme le nid, il est le symbole de l'existence pleine qui peut se refermer sur elle-même sans s'offrir innocemment aux fureurs et aux caprices du temps. Nous, hommes, sommes semblables à ces grands arbres d'Amérique dont la cime est perdue dans le ciel et dont les racines plongent profondément aux terres intérieures. Mais la cime ignore tout des racines et les ramures, aux étages médians, vivent de leurs propres passions solitaires. Et nul ne peut prévoir ce que le temps ravagera en nous, s'il s'intéressera davantage à la cime, aux racines ou aux branches.

C'est cette créature ainsi continuellement exposée qui est le domaine privilégié de Stefan Zweig. Nul ne sait d'où viendra la blessure qui pourra être d'extase, de joie ou d'effondrement. Sans doute y a-t-il chez lui une quête exaspérée de cette lumière qui pourrait donner sens à notre aventure et nous prémunir contre les imprévisibles entreprises du quotidien, de ce palier supérieur de l'existence où aucun flot hasardeux ne viendrait engloutir notre cœur. Fascination pour ceux qui, comme Freud, Nietzsche, Tolstoï ont tenté de rendre l'humain connaissable. Fascination pour ceux qui ont tenté de décrire les horizons de la paix créatrice ou ceux de la sensualité harmonieuse, comme Verhaeren. Mais cette terre de lumière n'est peut-être pas accessible avant qu'on ait traversé toutes les strates de la tragédie humaine.

Cette approche des déchirements du cœur, dans le contexte historique où se déploie l'œuvre de Stefan Zweig, a une résonance particulière dont peut-être on prend malaisément mesure aujourd'hui. Elle s'inscrit entre deux désastres. Il y a d'un côté la guerre de 14-18, de l'autre l'avènement du fascisme et la Seconde Guerre mondiale, c'est-à-dire ici et là l'exaltation de la tragédie collective, la submersion des destins individuels dans les incendies de l'Histoire. Contre la mort errant au-dessus des foules aveugles, comment prendre la défense de l'être humain sans glorifier d'abord l'individu comme champ des contradictions et des passions de l'esprit ?

Peindre chaque cœur humain comme le témoin privilégié de l'expérience même de la vie, décrire chaque destinée comme un voyage où le mystère et le miracle peuvent prendre les visages les plus inattendus, n'est-ce pas là le seul moyen d'enlever à l'Histoire ce qu'elle prétend imposer aux hommes : la disposition à la fois physique et psychique d'une vie qui appartient à eux seuls.

Il y a, certes, une misère apparente dans ces existences entrelacées. Les êtres qui se mêlent dans les nouvelles de Stefan Zweig sont à beaucoup d'égards de pauvres êtres, perdus dans la pauvreté matérielle, dans la solitude affective, dans la médiocrité des attachements. Ce sont les visages divers de cet homme « quelconque » qui hante, sous de multiples formes, les rues de nos cités. Leur terre, c'est la ville encombrée par la foule solitaire. Le décor, les gestes, les paroles relèvent de la banalité grise. Mais ce que nous murmure Stefan Zweig, c'est qu'au-delà de la pauvreté ou de la banalité de ce qui nous est advenu, il existe en nous un espace suffisant pour abriter, ne fût-ce qu'un instant, l'éclat et l'espérance de millions d'étoiles qui veillent sur nos nuits.

Au malheur des dames, au bonheur des lectrices

Par *Erika Tunner*

ZWEIG CONNUT UN PREMIER GRAND SUCCÈS POPULAIRE grâce au recueil *Amok*, publié en 1922 et sous-titré « Nouvelles d'une passion », parmi lesquelles *Lettre d'une inconnue*, que republie ce mois-ci Stock. Il lui valut un flot de messages de lecteurs, et surtout de lectrices, qui, « croyant reconnaître leur expérience propre dans celle des personnages et confondant ceux-ci avec l'auteur, se tournaient vers lui comme vers un double idéal, un confesseur ou un psychiatre », écrit Serge Niémetz dans son ouvrage sur Stefan Zweig (1). Or, en dépit de certains côtés un peu désuets, liés en partie à leur contexte historique, aux corrélations entre les lois sociales d'une époque et les répercussions psychiques, les récits de Zweig continuent à capter les émotions et suscitent une participation empathique à la vie de leurs héroïnes. Y a-t-il une « lectrice type » de Stefan Zweig qui répond aux clichés dits féminins dont celui d'être particulièrement sensible à une thématique sentimentale ? Ou bien y a-t-il les qualités spécifiques d'une œuvre, celles sur qui le temps a le moins de prise et par lesquelles elle se dérobe à tous les engouements passagers ?

Deux remarques de Zweig lui-même fournissent des éléments de réponse. La première se trouve dans son ouvrage *Le Monde d'hier*. S'interrogeant sur ses exigences d'écrivain et sur les raisons du succès de ses livres, il arrive à la conclusion que « seul un livre qui se maintient à chaque page au niveau le plus élevé et vous entraîne tout d'un trait jusqu'à la dernière sans vous laisser le temps de respirer [lui] donne un plaisir sans mélange ». Conclusion complétée par cette constatation à la fin de son essai sur Casanova : « L'intensité est tout. » Voilà une définition des stratégies littéraires qui détermine le choix des sujets, la psychologie des caractères, la structure de l'intrigue, et la manière de l'écrire.

Observateur fasciné de l'âme humaine, Zweig possède un sens quasi clinique de l'analyse et sait explorer tous les aspects du comportement passionnel, scrutant les mécanismes des désirs contrariés, des pulsions réprimées, de l'éveil, des feux et du déclin de l'amour, mais aussi les angoisses, les dépressions, et même les gestes d'autodestruction qui sont souvent leur corollaire. « Pour moi, la psychologie est aujourd'hui la grande passion de ma vie », écrit-il à Freud en 1926. Il doit beaucoup à Freud, il le sait et il ne le cache pas : « Tout ce que j'écris est marqué par votre influence et vous sentez peut-être que le courage de dire la vérité, qui est probablement l'essentiel de mes livres, vient de vous. »

Dire la vérité... C'est aussi dire la vérité sur la femme telle que Zweig la perçoit et telle que ses lectrices peuvent la concevoir dans la mesure où chaque femme risque de se reconnaître un peu dans ses récits. Étrangement familiarisé avec les subtilités féminines, Zweig transcrit les difficultés de vivre éprouvées par des êtres souvent faibles et fragiles, qui ont du mal à affronter le monde, ou bien les problèmes vécus par des existences hors norme qui doivent assumer leur marginalité. Même si ses analyses, restées assez classiques, peuvent paraître aujourd'hui un peu conventionnelles, elles gardent un caractère fort séduisant nous faisant découvrir la femme par le regard d'un autre, le regard de l'homme et le regard de l'écrivain.

Dans deux de ses nouvelles les plus célèbres, *Lettre d'une inconnue* et *Vingt-quatre heures de la vie d'une femme*, c'est une parole féminine qui domine et dont la vibrante détermination se glisse avec une douce insistance dans la mémoire de ses lectrices. Dans les deux cas, il s'agit de femmes qui restent anonymes, dont le nom est tu ou simplement indiqué par une lettre (Mrs. C.) : deux femmes qui vivent des histoires faites de failles et de forces, à la fois très singulières et pourtant, en quelque sorte, virtuellement possibles, secrètement rêvées ou appréhendées par certaines des lectrices de Stefan Zweig. Un seul événement peut bouleverser le cours de la vie, une seule passion débordante peut miner le psychisme ou bien en dévoiler des aspirations inavouées qui devraient rester dans le domaine de l'imaginaire. Les rêves qui ne sont pas accomplis sont précisément ceux qui se montrent les plus invincibles.

Si *Lettre d'une inconnue*, proche du délire, met en scène un cas d'érotomanie poussée à l'extrême, l'histoire de *Vingt-quatre heures de la vie d'une femme*, très admirée par Freud, reste plus proche de la réalité. Les deux récits ont en commun le portrait d'un homme qui possède tous les secrets du séducteur, un thème, certes, récurrent chez Zweig, mais qui met ici l'accent sur un trait particulièrement révélateur et sans doute même assez désarmant : entouré d'une sorte de nimbe d'étrangeté et de mystère, le séducteur sait éveiller le goût piquant de l'aventure, promesse d'une expérience intense, et, surtout, il procure l'illusion de ne pas rencontrer une femme parmi d'autres, mais une femme absolument unique, à laquelle il prête la plus tendre attention, quitte à l'oublier très rapidement et sans le moindre scrupule. C'est que cette force de fascination a pour racine non pas l'insouciance, mais une indifférence sans égal, un détachement total de la femme sous un attachement apparent.

L'intrigue, en général centrée sur une situation de crise, est développée d'une manière haletante, selon un modèle narratif proche à certains égards du roman policier. La lectrice, mais sans doute aussi de nombreux lecteurs, est prise par l'art du suspense. Faut-il redouter les lieux communs – il y en a chez beaucoup d'autres auteurs – si l'histoire vous tient en haleine ? Il est vrai que la langue de Zweig est parfois chargée d'épithètes un peu trop dramatiques, traduisant toutefois une esthétique de pathos qui correspond à certains schémas littéraires et culturels de l'époque – sinon à une attente des lectrices d'alors et même d'aujourd'hui. La technique de l'aveu, de la confession, de l'énigme est une technique dont Zweig use sans modération et qui, elle aussi, s'apparente au roman policier. Mais cette méthode devait en engendrer une autre, beaucoup plus profonde. Zweig illustre à quel point la parole peut être libératrice. « Il faudra que je vous dise un jour combien vous réussissez à obtenir, avec la langue, quelque chose qu'à ma connaissance personne d'autre ne réalise, écrit Freud à Zweig, en 1925. Vous savez rapprocher de si près l'expression de l'objet que les plus fins détails de celui-ci deviennent perceptibles, et que l'on croit saisir des relations et des qualités qui jusqu'à présent n'avaient absolument jamais été exprimées par le langage. » L'auteur de *Lettre d'une inconnue* apparaît comme un homme amène, contrôlant ses passions. Mais ne se dissimule-t-il pas, derrière le masque d'élégance calme, un profond chaos intérieur [2] ? Parlez-moi de Zweig : une captivante enquête et une quête de la femme.

---

[1] *Stefan Zweig. Le Voyageur et ses mondes*, éd. Belfond, 1996, p. 262.
[2] Cf. *Carrefours de rencontres. De Stefan Zweig à Christa Wolf*, Erika Tunner, éd. L'Harmattan, 2004.

Les valses-hésitations de Vienne

Par *Serge Niémetz*

LA FAVEUR DONT JOUIT LA VIENNE FIN DE SIÈCLE ne va pas sans malentendus quant à ce que fut cette nébuleuse culturelle, au cœur de la « double monarchie » (1867-1914) qui tenta de différer son naufrage sous la bannière d'un art promu idéal d'État. Zweig, qui eut 20 ans en 1901, est pour beaucoup dans le mythe du « monde d'hier » : ses *Souvenirs d'un Européen* composent la fresque d'une Vienne cosmopolite et tolérante, à la fois éminemment moderne et ancrée dans une tradition millénaire. Mais pourquoi, alors, la fuit-il dès qu'il en a la possibilité ? C'est là une des questions que suscite la lecture de ces étranges Mémoires dont l'auteur s'efface systématiquement. Schnitzler s'interrogeait sur l'authenticité de Zweig. Il faut conclure plutôt à la foncière indétermination de qui n'avait jamais résolu la question de son identité – cet ensemble organique de traits qui appartiennent en propre à un être, qui en lui persistent dans la durée, quels que soient les changements affectant son existence.

En revanche, on reconnaît immédiatement, dans un texte de Zweig, son identité d'écrivain. Cela lui vaut, parmi les auteurs viennois, cette position si éminente dont témoignent le succès toujours renouvelé de ses livres et la relation, singulière, que beaucoup entretiennent avec lui, se montrant avides de tout lire de lui et, prosélytes, enclins à offrir ses livres, comme ils enverraient une lettre à des destinataires élus. Parmi les raisons de ses succès, Zweig notait l'importance du rythme de son écriture, auquel il rattachait la « mesure naturelle » de ses textes, sa prédilection pour les formes resserrées ; Felix Braun voyait dans l'impatience un trait essentiel du caractère de son proche ami, impatience que celui-ci évoque dans l'ultime déclaration où il fait ses adieux au monde. Stefan Zweig lui-même, qui, en considérant ses capacités d'empathie et sa sensibilité aux atmosphères, se définissait comme une éponge, voyait dans ce rythme la marque de son temps et pensait s'accorder par là aux goûts du public « moderne ».

Zweig soulignait aussi sa passion des énigmes psychologiques, ainsi que sa sympathie pour les faibles, les vaincus. De fait, l'une et l'autre se manifestent dès ses débuts, dans la plupart des biographies ou « essais biographiques » comme dans ses œuvres de fiction, que ses personnages soient terrassés par la fatalité, tirés dans l'abîme par quelque démon, ou anéantis par l'interaction de ces deux genres de facteurs. Mais c'est justement dans ses œuvres les plus appréciées que cette double thématique s'exprime avec le plus de netteté : dans les nouvelles privilégiant les crises où se révèlent le secret et les profondeurs troubles d'un caractère, où le destin d'un personnage, soudain, peut bifurquer, basculer, se briser ; à ces nouvelles s'apparentent le seul roman achevé, *La Pitié dangereuse*, ainsi que cette *Ivresse de la métamorphose* dont le titre même paraît un reflet du rêve de changement de vie qui revient périodiquement agiter l'auteur. Rien d'étonnant à cela tant sa vie paraît se placer dans le droit-fil de celle de ses personnages. Horrifié depuis sa jeunesse par le passage du temps, il connaît des épisodes de crise intime de plus en plus fréquents, qui vont s'aggravant comme son insatisfaction au fur et à mesure qu'il avance en âge. L'aspiration gœthéenne au *stirb und werde*, « meurs et deviens », se fait par moments obsessionnelle, tant dans sa vie personnelle que comme thème littéraire. Quand, après 1933, le rêve de renouveau se mue en catastrophe historique, Zweig voit dans l'exil l'occasion de retrouver un peu du souffle et de l'élan de sa jeunesse. L'illusion ne dure guère : l'Angleterre n'est que la première étape d'une ultime fuite qui aboutira à l'impasse brésilienne. Dans la mort également, il rejoint ses personnages : dans ses trente-cinq œuvres de fiction, le suicide est envisagé seize fois, accompli neuf fois. Se trouver fixé, entravé dans son mouvement permanent, s'est révélé proprement mortel. Si l'on évoque à son propos l'inconstance d'un don Juan, ce sera celle du don Juan baroque qui ne peut choisir parce que lui-même n'est pas déterminé dans son identité. Zweig offre un exemple assez typique de l'exacerbation, dans son milieu d'origine et de formation, de la crise de l'identité affectant l'ensemble de la modernité.

À bien des égards, la Vienne du baroque était déjà l'empire des circonvolutions fuyantes et des apparences trompeuses. Dans le baroque, cependant, la mise en spectacle de l'inconstance du monde était destinée à faire rayonner le point fixe de la gloire de Dieu et à aspirer vers lui tous les regards. Il n'en va plus de même. « Le caractère de notre époque, écrit Hofmannsthal en 1906, est l'ambiguïté et l'indétermination. Elle ne peut s'appuyer que sur des bases en glissement, sans perdre conscience que tout glisse là où les générations antérieures croyaient voir des assises solides. » Aggravée par l'impossibilité éprouvée d'une relation vivante à la tradition, la crise de l'identité est crise de la transmission pour des générations dont l'héritage, également selon Hofmannsthal, se réduit à « de jolis meubles et des nerfs hypersensibles ». Le phénomène est particulièrement marqué dans le milieu juif de

Zweig, l'assimilation exigeant que l'on s'émancipe des formes traditionnelles de vie sociale, de pensée et d'autorité pour adhérer aux idéaux des Lumières auxquels s'identifie la grande culture allemande. C'est ainsi que Schnitzler analyse l'identité idéale par quoi se définissent la plupart des intellectuels de la bourgeoisie juive de Vienne : Européens de culture allemande, de citoyenneté autrichienne et d'origine israélite. Mais cette orientation générale ne suffit pas à déterminer les choix individuels, les modèles auxquels chacun entend se référer pour se définir, construire son identité propre et, selon la formule de Karl Kraus, « faire oublier le grand-père marchand de fourrures » : aucune règle ne préside à ce changement, on rencontre tous les cas de figure. Or « qui a le choix a le tourment ». Zweig n'adhère à aucune de ses identités reçues, qu'il perçoit comme des entraves à une liberté individuelle érigée en valeur suprême, et dont il n'accepte que les dimensions cosmopolites. Juif « malgré lui », par le hasard de la naissance et le regard omniprésent d'autrui, il refuse d'être enchaîné à ses origines. Patriote allemand en 1914, nostalgique de la vieille Autriche en 1940 – et mort sujet britannique –, sa germanité est appartenance fluctuante à une communauté de langue et de culture, mais hors de ses formes d'existence étatiques.

Se vouloir pacifiste, « grand Européen », c'est tenter d'inscrire dans une certaine pratique – illusoire – l'idéal formulé par G. E. Lessing d'une « noblesse de l'esprit » qui transcende frontières et époques, porte et développe l'héritage prestigieux du passé. Cet humanisme est le credo de la *Veredlung*, de l'anoblissement par le spirituel qu'exposait quotidiennement la *Neue Freie Presse* dont Herzl ouvrit pour la première fois les colonnes au jeune Zweig, et que celui-ci commente dans une page célèbre du *Monde d'hier* : « Dans le Juif, quelque chose cherche inconsciemment à échapper [...] à tout ce qui n'est que du monde des affaires, et à s'élever dans la sphère plus pure du spirituel, où l'argent ne compte plus. C'est pourquoi, dans le monde juif, l'aspiration à la richesse s'épuise presque toujours après deux, ou au plus trois générations d'une même famille », et les fils ne veulent surtout pas prendre la place des pères. Aspirant à « se fondre dans la commune humanité », on joue sans relâche et à guichets fermés non pas *Le Bourgeois gentilhomme*, mais *Le Bourgeois artiste*.

Zweig s'est voulu et fait écrivain, avec une volonté à la fois farouche et hésitante. Est-ce plutôt une fin ou un moyen, une façon de vivre ou d'échapper à la vie, et d'abord aux limitations des origines, et de s'intégrer à une élite universelle d'esprits distingués imaginaire, tout en vivant d'œuvre en œuvre les métamorphoses du comédien : se montrer, se dérober, être reconnu toujours le même et toujours différent ? Le choix – et le tourment –, sans doute, n'était pas mauvais : de l'évanescence du moi, il a tiré la pérennité de l'œuvre.

2
Un citoyen du monde

Dernières nouvelles de Vienne

Par Yves Iehl

LES NOUVELLES DE STEFAN ZWEIG se présentent comme une série de tableaux qui nous restituent le raffinement et la sentimentalité de cet univers clos que constituait la société viennoise au début du siècle. Même si les plus célèbres d'entre elles furent écrites après la Première Guerre mondiale, dans les années 20, elles marquent l'attachement de l'auteur du *Monde d'hier* à une sensibilité fin de siècle, au climat esthétisant de l'impressionnisme viennois, et attestent son intérêt pour la psychologie des profondeurs. Mais, outre leur valeur de témoignage sociologique, elles fascinent par la tension contenue qui est à chaque instant perceptible sous la surface plane du récit et leur donne une puissance peu commune. Aux antipodes de la nouvelle expérimentale que l'on commençait à pratiquer à cette époque, ces récits allient à la modernité des découvertes psychologiques de Freud la vivacité du roman d'aventures. De fait, elles connurent un grand succès du vivant de Stefan Zweig et nous apparaissent aujourd'hui comme la partie sans doute la plus actuelle de son œuvre.

Les deux premiers recueils, *L'Amour d'Erika Ewald* et *Première expérience*, parus en 1904 et 1911, sont imprégnés de sentimentalité nostalgique. Dandies blasés en quête d'aventures faciles et jeunes femmes frêles et sensibles sont inévitablement amenés à se croiser dans l'univers étroit d'une société jalonnée par les conventions bourgeoises. Mais les appétits du séducteur et la rêverie amoureuse et romantique ne peuvent s'accorder. Ce malentendu fondamental provoque une désillusion cruelle, comme Erika Ewald, l'héroïne de la nouvelle centrale du recueil, ne manque pas d'en faire l'expérience. On reconnaît ici les thèmes typiquement impressionnistes de la fragilité du bonheur, de la fugacité du sentiment.

Le deuxième recueil et notamment la nouvelle qui est intitulée *Brûlant secret* présentent déjà une tonalité plus grave et plus authentique. Ici un jeune baron désœuvré va tenter de séduire une femme plus âgée et mariée, et il y serait sans doute parvenu si le récit ne faisait intervenir un troisième larron, véritable élément perturbateur, qui tire tout le profit de la rencontre. Avec toute la violence d'un amour jaloux d'enfant, le jeune fils de cette femme, Edgar, va s'interposer entre les deux personnages et mettre en fuite le séducteur malheureux. Ce flirt à peine esquissé, péripétie banale dans l'univers complaisant de la bonne société viennoise, deviendra pour ce garçon au seuil de l'adolescence l'occasion d'affirmer sa personnalité et de conquérir sa place dans le monde des adultes dont il aura auparavant démasqué l'hypocrisie. L'affection jalouse et mêlée de haine qu'il éprouve pour sa mère, la poursuite fiévreuse d'un secret trouble et ambigu qui est somme toute celui de la sexualité, le voyeurisme de l'enfant qui épie les deux adultes : tous ces éléments font de la nouvelle une exploration psychologique passionnante. Elle reflète un processus de maturation qui permettra, telle l'éclosion d'une chrysalide, une deuxième naissance d'Edgar.

Mais la rigueur du conformisme moral de cette société amène le héros plus souvent au bord de la folie qu'elle ne lui permet de s'épanouir. C'est ce qu'illustre le cas de Mme Irène, héroïne de

La Peur, publiée en 1920. Déchirée entre le désir d'avouer à son mari, juge réputé pour sa sévérité à punir le crime, une infidélité bénigne, commise par désœuvrement, et la peur panique d'être rejetée par cet homme qu'elle aime et qui incarne l'ordre moral de la société, elle manque de sombrer dans la folie. L'angoisse profonde est soigneusement entretenue par une machination du mari qui, au courant de tout, désire la faire avouer.

Ces deux nouvelles soulignent un des aspects essentiels de l'art de Stefan Zweig : il ne se contente pas d'illustrer les théories de la psychanalyse freudienne, mais nous fait surtout percevoir directement la tension primordiale entre les forces du conscient et de l'inconscient qui constitue l'essentiel de notre vie psychologique. Et cette tension se communique au récit pour lui donner son rythme propre.

Cette observation très fine des mouvements de l'âme s'accompagne, en outre, d'une intention critique qui lui donne toute sa portée. Dans *La Peur*, c'est une contradiction essentielle de la société viennoise qui nous est dévoilée : tout en confinant la femme dans son rôle domestique, elle ne tolère pas le moindre écart de conduite et se montre impitoyable. Ainsi le défenseur enthousiaste d'une civilisation européenne humaniste héritée du XIXe siècle montre qu'il portait un regard très lucide sur l'hypocrisie de la morale bourgeoise. Les nouvelles sont en effet un plaidoyer vibrant pour une émancipation de la femme et de l'enfant, victimes d'un système social rigoureux mais très complaisant par ailleurs, notamment à l'égard de la sexualité masculine.

De même que l'auteur prend, visiblement, le parti de Mme Irène, le narrateur apporte un réconfort à l'héroïne de *Vingt-quatre heures de la vie d'une femme*, qui s'était donnée à un jeune baron qu'elle connaissait à peine, dans l'espoir de le sauver de sa passion suicidaire du jeu. Ce geste généreux et incompris lui vaut la réprobation de son entourage. L'infidélité sans conséquence de Mme Irène ou le don héroïque de soi, tout cela témoigne aux yeux des bien-pensants d'une même légèreté morale tout à fait condamnable.

Les jeunes héros de certaines nouvelles s'efforceront aussi de critiquer un état de choses qu'ils trouvent révoltant. Avec la même indignation qu'Edgar, les deux jeunes sœurs de *La Gouvernante* découvriront que la jeune femme qui s'occupait d'eux a été congédiée par leurs parents. Elle était en effet enceinte du fils de la famille, et le désespoir et la honte la pousseront au suicide. La conclusion de cette nouvelle rappelle par sa dimension pathétique le drame naturaliste, mais la surveillance implacable dont Mme Irène est l'objet est peut-être plus terrible encore. Car elle aboutit à un véritable enfermement mental, une claustration intérieure qui ne peut trouver d'issue que dans la folie.

Ce thème a visiblement fasciné Stefan Zweig qui l'a repris d'une façon magistrale dans sa dernière nouvelle, *Le Joueur d'échecs*. Fonctionnaire autrichien prisonnier des nazis, le docteur B. subit une captivité particulière dans une pièce entièrement vide, sans rien qui puisse lui permettre d'occuper ou de distraire son esprit. Il se heurterait bientôt aux murs de la chambre comme aux parois d'une prison spirituelle s'il ne découvrait un recueil de parties d'échecs qu'il va rejouer de mémoire. Ayant épuisé les ressources du livre, son esprit sera ensuite amené à jouer contre lui-même, subissant ainsi une dissociation schizophrénique qui lui sera fatale. Sous l'effet de cette torture mentale qui le renvoie à ses propres limites, le Moi en vient à se saborder dans un mouvement auto-destructeur. On retrouve ici le thème de la lutte contre le démon intérieur, que l'auteur avait illustré dans son essai biographique sur Hölderlin, Kleist et Nietzsche.

Ces tragédies individuelles sont sans doute l'indice d'une crise à l'échelle d'une civilisation. Dans l'Autriche du début du siècle, la rigueur d'une morale déshumanisée est le signe d'une déchéance radicale des valeurs, d'une sorte d'insensibilité à toute forme de douleur humaine. Dans les nouvelles, les relations entre les personnages se développent comme autant d'affrontements hypocritement courtois mais en réalité implacables. L'autre n'existe plus que comme l'objet d'un désir, l'enjeu d'une lutte. Ainsi le mari de Mme Irène traite-t-il sa femme comme un criminel endurci, il en fait le cobaye d'une expérience judiciaire particulièrement révoltante. Le vocabulaire de cette nouvelle suggère nettement le jeu cruel du chat avec la souris, cette fausse poursuite où le félin retarde à plaisir l'instant de croquer une proie qui ne peut lui échapper.

Dans cet univers viennois feutré et conventionnel où les raffinements de la culture masquent les inégalités sociales, les sentiments authentiques s'étiolent et ne survivent que sous la forme du dilettantisme ou du jeu. Et le jeu devient, dans un contexte social factice, un élément omniprésent et un moyen commode pour remettre en question la sécurité d'un monde trop préservé. Les personnages de Stefan Zweig goûtent particulièrement la tension magnétique, l'excitation fébrile qui s'emparent d'eux lorsqu'ils se donnent le frisson du danger sans toutefois mettre en péril leur univers quotidien. Le baron R., héros de *La Nuit fantastique*, va tenter de se distraire du vide existentiel qui le ronge en allant jouer aux courses au Prater... et vivre une expérience qui va bouleverser son existence. Cherchant à partager l'enthousiasme débridé de la foule en délire, il est en fait à la recherche de lui-même, d'une identité propre, qui disparaît dans les conventions artificielles de la vie sociale.

S'il est de bon ton, dans la bonne société, de flirter avec les interdits, dans un libertinage très spirituel et très étudié, il ne faut surtout pas manquer aux règles du bon goût. Mais, ironie du sort, il arrive que la passion resurgisse brutalement, telle une vague de fond, après avoir été trop longtemps refoulée. Qu'elle compromette l'édifice de la respectabilité ou menace l'équilibre psychique, elle prend alors le caractère d'un destin. Elle se présente comme une alternative au désarroi intérieur et devient le signe d'une authenticité retrouvée. En même temps, elle signifie presque inévitablement la mort ou l'exclusion sociale de l'individu.

Ainsi le personnage central de la nouvelle *Amok*, un médecin exilé sous les tropiques en raison d'une faute professionnelle, rencontre une Européenne au caractère dominateur. Il tombe éperdument amoureux d'elle mais refuse d'abord, au nom de la morale, de l'aider à avorter du fruit d'une liaison illégitime. Cet amour refoulé pour une femme qui symbolise l'Europe, la patrie perdue, va se transformer en un envoûtement irrésistible et finalement mortel. Il ne s'agit pas d'un sentiment ou d'une passion ordinaire qui, si humble soit-elle, aspire à une certaine dignité, mais d'une pulsion venue du fond de l'être, d'une dévotion.

La narratrice anonyme de *La Lettre d'une inconnue* connaîtra le même vertige qui dilue et efface les contours de la personnalité. Née d'une famille pauvre, et promise à une existence misérable, elle s'éprend d'un écrivain renommé et lui voue une sorte de culte. Elle ne le rencontrera que trois fois dans sa vie mais lui consacrera toute son existence dans l'attente vaine d'un signe, d'une reconnaissance de son amour. Et la mort viendra comme une délivrance, une fois qu'elle a fait parvenir, véritable bouteille à la mer, le récit de sa vie manquée à l'homme aimé.

Les héros de Stefan Zweig sont par nature des perdants, des victimes tragiques qui aspirent avec une exaltation quasiment masochiste à l'accomplissement de leur destinée : celle-ci leur permet de revendiquer une vérité, d'affirmer une conviction qu'ils ont tues tout au long de leur vie. Cette vision très tragique de l'existence constituait sans doute un trait dominant de la personnalité de l'auteur. Elle rappelle son drame le plus connu, *Jérémie*, publié en 1917, qui invitait l'Allemagne en guerre à accepter la défaite et l'humiliation, car elles amèneraient la paix. On perçoit là l'indice d'une fragilité intérieure qui est peut-être la clef de son suicide.

Ces personnages malheureux ne peuvent donc attendre un quelconque bénéfice de leur sacrifice. S'ils acceptent volontiers le chemin de croix de la passion, ils n'envisagent pas de faire progresser l'histoire humaine. C'est que leur démon intérieur est une force tragique « qui jamais ne parvient au but », d'après l'auteur lui-même. Le désir le plus pressant de ces êtres exclus, de ces parias que leur martyre situe en dehors des normes sociales, est de susciter un geste de compassion qui brise leur isolement fondamental et de parvenir à une communication véritable. Le rôle essentiel du narrateur, représenté dans certaines nouvelles sous les traits d'un personnage mondain, cultivé et très ouvert, qui rappelle étrangement Stefan Zweig, sera alors de comprendre et d'aider ces individus que la société rejette. Qu'il explore les bas-fonds d'une ville portuaire dans *La Ruelle au clair de lune*, ou passe quelques jours dans une pension de la Riviera italienne, il devient leur confident et leur permet de s'exprimer. De cette façon, il les réintègre dans la communauté des hommes au nom de cette fraternité humaine qui était le fond de l'humanisme de l'auteur.

Alors que ces nouvelles témoignent d'une tendance particulière à l'effusion pathétique, cet écrivain se méfiait de la fausse pitié qui n'est qu'une lâcheté morale, un moyen de faire taire la mauvaise conscience par une générosité de surface sans sympathie. Le seul roman qui ait été publié de son vivant, *L'Impatience du cœur*, initialement intitulé *La Pitié dangereuse*, titre de la traduction française, montre bien ce souci. Mais le baron R. de

La Nuit fantastique montre la voie au lecteur. Cet aristocrate, qui est à sa façon lui aussi un déshérité, surmontera la solitude glacée d'une existence oisive en même temps que ses inhibitions sociales et psychologiques et comprendra la valeur profonde du don, de la vraie générosité.

Cette thématique révèle le sens réel d'une démarche que l'on a souvent jugée ambiguë. Tout en critiquant l'hypocrisie morale de l'Autriche d'avant-guerre, Stefan Zweig, écrivain bourgeois, ne désirait pas remettre en question une société à laquelle il était très attaché. Il s'est, du reste, plus intéressé aux formes de l'aliénation psychologique qu'à celles de l'aliénation sociale.

Ce représentant d'un humanisme européen, peut-être un peu désuet à l'époque des camps de concentration, défendait l'idée d'une fraternité universelle dans laquelle idées politiques et préoccupations sociales se rejoignent dans un même mouvement. Cela explique sans doute pourquoi il n'a jamais adopté de position politique très tranchée, si ce n'est pour condamner, de toutes ses forces, la guerre. Son génie est sans doute un don peu commun de compréhension et de sympathie dont les nouvelles sont le témoignage.

Il aurait voulu être « la conscience morale de l'Europe » – un titre qu'il avait décerné à son ami Romain Rolland – et écrire « un livre pour le peuple, livre que chacun puisse lire, comprendre et aimer ». La guerre, qui détruisit son idée d'humanité et de tolérance, ne lui en laissa pas le temps. Mais *Le Joueur d'échecs* nous reste comme un ultime témoignage de son enthousiasme et de sa foi. À travers la partie mémorable que le docteur B. va jouer contre l'obscur champion du monde Mirko Czentovic, le récit illustre la lutte courageuse de l'intelligence et de l'imagination, attributs de l'ancien monde, contre la logique implacable et bornée de la barbarie moderne, la froide violence du nazisme.

« Le sort de mes camarades de sang m'est mille fois plus important que la littérature »

Par *Michelle Cayrol*

DANS SON AUTOBIOGRAPHIE, *Le Monde d'hier*, Zweig n'aborde qu'en des remarques dispersées la question de son identité juive. Il ne lui consacre, en aucun endroit, une réflexion approfondie. Sa vision et son interprétation du passé, il est vrai, sont conditionnées par l'insécurité de son existence dans les années ultérieures à 1933. En comparaison, l'Empire austro-hongrois lui apparaît comme un « monde de sécurité ». Dans la Vienne du bourgmestre antisémite Karl Lueger, il prétend même que jamais et nulle part il n'a été un objet de mépris parce qu'il était juif. Curieusement, à l'exception d'un portrait de Theodor Herzl, il n'évoque personne de ses familiers qui ait pu avoir quelque rapport avec le judaïsme. Pas plus son frère Alfred que sa première épouse, Friderike, dont le père était pourtant juif, ou Martin Buber et beaucoup plus tard Joseph Roth, avec lesquels il a entretenu des relations épistolaires.

Dans ces conditions, pourquoi décide-t-il, dans les années 30, d'envoyer à la Bibliothèque nationale et universitaire juive de Jérusalem une partie de ses livres, de ses manuscrits et de sa correspondance privée ? Rien là-dessus non plus dans *Le Monde d'hier*. Ce don n'a été révélé que lors de la célébration en Israël du centenaire de sa naissance. Or, le 11 décembre 1933, il écrit à cette bibliothèque, en demandant qu'aucun mot de sa lettre ne soit rendu public, qu'il souhaite lui léguer sa « correspondance privée ». Elle ne sera consultable, ajoute-t-il, que dix ans après sa mort, et personne ne doit avoir connaissance de ces dispositions jusque-là. Évoquant le transport, qui pourrait être effectué à la fin du mois de janvier 1934, il précise : « Je crois, sans exagérer, que c'est l'une des plus intéressantes correspondances de ce temps, et qu'elle serait un bien substantiel pour votre, pour notre Bibliothèque. »

Cette identification de Zweig avec le fonds de la Bibliothèque juive de Jérusalem a paru étrange à plus d'un. Devant les persécutions nazies, se déclarait-il soudain favorable au sionisme ? Une interprétation en ce sens a été donnée par certains. D'autres n'y ont vu que la fidélité à un souvenir de jeunesse, le souvenir de ses relations avec Theodor Herzl, auquel il exprimait ainsi sa reconnaissance. En 1901, alors qu'il était responsable des pages culturelles du journal *Neue Freie Presse*, Herzl l'avait reçu dans son bureau et l'avait félicité pour son « jeune talent ». Sur cette rencontre, Zweig avait fréquenté quelque temps à Vienne les adeptes de ses théories en faveur d'un État des Juifs. Parmi eux, Martin Buber, grâce auquel il publia dans le journal sioniste *Die Welt* sa première nouvelle, le 2 octobre 1901 : *Dans la neige*. Deux poèmes, en octobre et en décembre, avaient suivi. De son côté, Herzl avait retenu un peu plus tard une autre de ses nouvelles : *La Marche*, parue en première page de *Neue Freie Presse* le 2 avril 1902.

Peu de temps avant d'avoir décidé son legs, en 1929, Zweig avait certes rendu hommage à Herzl, dans une contribution à un volume collectif qui fut traduite et publiée en anglais sous le titre bizarre de « Roi des Juifs ». Il le remercie de l'avoir pris au sérieux, alors qu'il sortait « tout juste du lycée ». Mais, à l'époque de cet hommage, il s'était détourné depuis longtemps du mouvement sioniste, qu'il n'avait, du reste, que vaguement fréquenté par le biais de quelques amis. Ses voyages, sa rencontre avec Verhaeren en 1902, ses traductions lui avaient ouvert d'autres cercles intellectuels que ceux des groupes sionistes de Vienne.

Soucieux de la préservation d'un héritage culturel, Stefan Zweig, en dépit de son rejet du sionisme, est toutefois resté sensible à l'idée, lancée en 1901 au Ve Congrès sioniste, et reprise un an plus tard par Buber, d'un lieu qui conserverait, en Palestine, la mémoire du peuple juif, notamment à travers la fondation d'une université et d'une bibliothèque juives. Le 16 février 1925, sur la demande d'un militant sioniste de Vienne, Max Kiwe, il prend position pour l'ouverture de l'Université hébraïque à Jérusalem. Tout en soulignant qu'il ne se prononce pas sur l'avenir du retour à la Terre promise que revendique une partie de la jeunesse juive, il salue l'initiative qui permettra de rassembler enfin tous les « actes intellectuels » du « peuple juif » au fil des générations. Avec une « fidèle confiance », il espère proche le « rayonnement de ce nouveau forum ».

Cessa-t-il jamais de s'intéresser au destin juif ? Son drame *Jérémie*, en 1917, dont la source est à la fois la Bible et *L'Histoire du peuple d'Israël* d'Ernest Renan, a d'abord le problème de la guerre pour origine. Dans *Les Nouvelles littéraires*, en 1932, il indique à Frédéric Lefèvre qu'il a voulu concentrer « sous une forme symbolique » tout ce qui l'ébranlait depuis la fin de 1914, c'est-à-dire « l'effroi devant l'avenir, la haine pour la guerre et les fauteurs de guerre, le destin de Jaurès et des autres prophètes ». Il a toujours été hostile à l'idée de privilégier « l'élément juif ». Néanmoins sa pièce, indirectement, témoigne aussi de sa confrontation avec le sionisme.

Au lendemain de la chute de Jérusalem devant les Chaldéens, quand les Juifs survivants s'apprêtent à l'exode, Jérémie proclame en effet, dans le délire et les convulsions, qu'il ne veut plus agir selon les caprices de Dieu puisque la souffrance en est le résultat. Refusant la proposition que lui transmet le roi des Chaldéens de le servir, il prophétise alors le retour des Juifs à Sion, la renaissance d'Israël. Une fois sorti de son extase, il renie le rêve qui l'avait emporté, retrouve son amour de Dieu, et chante un hymne à la souffrance du peuple juif condamné à l'errance. La pièce se termine sur une double acceptation de Jérémie, à la fois le désir nécessairement inassouvi de Sion et « l'éternelle errance ». Sur les routes étrangères, de pays en pays, le peuple de Jérusalem ne sera plus qu'un « esprit impérissable ». Mais la patrie, clame Jérémie, est à ceux qui restent, tandis que le monde est à ceux qui vont.

Les lettres de Zweig à Buber, pendant la Première Guerre, disent la même chose. Le 8 mai 1916, il lui écrit que le judaïsme représente pour lui le contraire d'un repliement sur des valeurs particulières. Plus nette encore, le 25 mai 1917, sa position : c'est le « sentiment supranational » qui l'a sauvé « intérieurement », explique-t-il, de « la folie d'un monde fanatique », et cette « liberté supranationale », il la doit au « judaïsme ». En février 1918, il lui précise qu'il préfère « la douloureuse idée de la diaspora » au « rêve dangereux d'un État des Juifs avec des canons, des étendards, des décorations ».

Telle est, jusqu'à sa mort, sa pensée définitive sur le sionisme. Dans une lettre à Alfred Wolf du 4 février 1937, il écrit qu'il ne souhaite pas voir le judaïsme abandonner « son caractère universel et supranational pour s'ancrer totalement du côté de l'hébreu et d'une pensée nationale ». Il précise qu'il tient « pour un grand danger moral toute arrogance et toute tendance de la communauté juive à s'isoler (ce qui n'est souvent que l'inversion d'un complexe d'infériorité) ».

Quelle position adopte-t-il en 1933 ? Lui qui impute à la désunion des partis social-démocrate et communiste la principale raison de l'arrivée au pouvoir de Hitler (« Vous savez que depuis deux ans, écrit-il à Romain Rolland le 4 février 1933, je ne fais que crier : unissez-vous !... ») s'imagine au début du IIIe Reich qu'il n'a, personnellement, rien à craindre, même en tant que Juif. Sa préoccupation est de ne pas donner aux nazis prétexte à attiser encore davantage l'antisémitisme. Toute pétition de protestation qui serait signée par de nombreux Juifs lui semble ainsi dangereuse, car elle appellerait, selon lui, une répression encore plus intense de la part des autorités nazies. Ce sont les personnalités non juives qui, à son avis, doivent se mettre en avant et prendre la défense des valeurs démocratiques. Aussi est-il désespéré devant le silence d'écrivains réputés comme Gerhart Hauptmann et Hermann Hesse.

Mais il lui suffit de deux mois de pouvoir nazi pour comprendre que tous les Juifs, même les plus assimilés et les plus célèbres, sont menacés en tant que tels, et que l'annexion de l'Autriche n'est qu'une affaire de mois. Le 10 avril 1933, il annonce à Romain Rolland qu'il envisage d'émigrer, afin de ne pas être, en restant, « obligé à se taire ». Dénoncé dans la presse nazie comme « le Juif Zweig », il apprend à la fin d'avril 1933 que toutes les bibliothèques allemandes seront épurées de ses livres et que ces derniers doivent être brûlés le 10 mai sur les places des universités. Il se résigne déjà, intérieurement, à abandonner sa maison, sa collection d'autographes, ses livres. Il redoute de devoir vivre, selon une lettre du 26 avril 1933, dans l'isolement, dans une atmosphère « de crainte, de peur, de haine continuellement ».

Le 10 juin 1933, il écrit à Romain Rolland : « Quant à nous Juifs, nous ne pouvons pas dire un mot maintenant pour ne pas nuire aux "otages", car le gouvernement ne cherche que des prétextes pour des nouvelles brutalités. » Les 500 000 Juifs d'Allemagne sont des « otages », répète-t-il le 3 août 1933, et « la responsabilité est *énorme* » pour un auteur juif qui élèverait la voix, car le risque est grand qu'ils paient pour lui, qu'ils soient frappés « avec une brutalité inconnue » jusqu'à nos jours. Si lui-même se tait, c'est « non par lâcheté, mais par tactique », assure-t-il le 20 août 1933 à Romain Rolland qui s'étonne de son silence. De plus, il s'est engagé auprès de son éditeur, Anton Kippenberg, à ne pas le mettre en danger par des interventions politiques. Mêmes engagements d'ailleurs, de Thomas Mann, Alfred Döblin et René Schickele auprès de leurs éditeurs respectifs.

Malheureusement, le bulletin du Cercle des éditeurs allemands publie au début de novembre 1933, pour diviser les émigrés, une lettre de Zweig à son éditeur Kippenberg où il se désolidarise de l'orientation politique donnée par Klaus Mann à sa revue, *Die Sammlung*. De Londres, il proteste aussitôt par une lettre du 5 novembre 1933 qu'il rend publique, et où il annonce que sa correspondance privée a été abusivement utilisée.

Romain Rolland l'invite alors à réagir contre la machination des nazis. Il lui conseille de lancer, avec René Schickele, Thomas Mann et quelques autres, un Appel au monde. Stefan Zweig n'est pas opposé à des contacts avec Thomas Mann en vue d'une déclaration commune, mais il souhaite d'abord récupérer auprès de son éditeur tous les droits sur ses œuvres. Dans l'attente, il préfère un communiqué personnel pour expliquer qu'il n'a jamais voulu s'en prendre à l'activité antifasciste de Klaus Mann, mais que les nazis l'ont piégé, qu'ils ont publié l'une de ses lettres privées à son éditeur.

Nul hasard, évidemment, si c'est à l'Agence télégraphique juive que, le 9 novembre 1933, il livre cette déclaration : « Rien n'est plus loin de moi que de vouloir m'exclure du destin de mes compagnons et camarades de sang, et je me mépriserais moi-même si je tentais de renoncer à mon indépendance morale au profit d'un avantage quelconque. S'il est exact que je me suis abstenu de polémiquer contre l'Allemagne d'aujourd'hui, c'est que la polémique n'a jamais été la forme d'expression de mes convictions. Mais ce n'est pas pour autant que je pense le moins du monde renier ces convictions, et je déclare de façon claire et nette qu'il va de soi que le sort de mes compagnons et camarades de sang m'est mille fois plus important que tout ce qui est littérature. »

Le nazisme n'est rien d'autre pour lui que la « barbarie », et c'est à cette « barbarie » qu'il s'en prend publiquement, à partir de 1934, chaque fois que l'occasion s'en présente. Les textes et interviews qu'il donne en France, de 1933 à 1940, aux *Nouvelles littéraires*, au *Monde*, à *L'Intransigeant*, à *Vendredi*, ou à la radio, l'attestent. Alors qu'il est, par nature, un homme de conciliation, il ne saurait envisager, avec les nazis, aucun compromis. Il déclare à *L'Intransigeant* le 12 décembre 1933 : « Il vaut mieux être supprimé plutôt que d'acheter la permission de paraître en faisant des concessions morales. »

En avril 1940, sa conférence à Paris sur « La Vienne d'hier », au Théâtre Marigny, se termine sur des mots qui, sous l'allusion, sont tout à fait clairs pour les auditeurs. Il prend parti : « L'art comme la culture ne peut pas prospérer sans liberté, et justement la culture de Vienne ne peut pas se déployer si elle est coupée de la source vivante de la civilisation européenne. La lutte formidable qui ébranle aujourd'hui notre vieux monde décidera aussi du sort de cette culture, et je n'ai pas besoin de vous dire de quel côté vont mes vœux les plus ardents. »

Dans l'opinion internationale, son opposition au IIIe Reich allait de soi. En 1936, durant son séjour en Argentine, lors du congrès des Pen Clubs, il est présenté dans la presse comme

« l'écrivain antinazi Stefan Zweig ». À Buenos Aires, il donne un texte qui paraît le 1er octobre 1936 dans le bulletin du Comité de soutien aux Juifs de langue allemande. Certes, il y donne une présentation historique plus favorable à l'assimilation qu'au sionisme. L'émancipation des Juifs a permis, explique-t-il, une adaptation du judaïsme européen, son ouverture à l'universalisme. Le mot d'ordre du retour en Palestine favorise la formation d'un nouveau ghetto. Mais devant l'antisémitisme nazi, devant une législation « excluant les Juifs, en Allemagne et dans d'autres pays, de la vie intellectuelle », il estime que chaque Juif en particulier, bouleversé au fond de lui-même, doit redoubler de fermeté d'âme. La solidarité s'impose. Et comment les Juifs doivent-ils se montrer solidaires ? Par la décision individuelle de chaque Juif de préserver intérieurement son rapport avec le judaïsme.

Certes, il eût été préférable, par simple souci d'efficacité, que Zweig préconisât fermement une résistance commune organisée, que les organisations soient juives ou non, plutôt que d'appeler l'individu à se replier sur sa vie intérieure. Faut-il pour autant lui imputer une dénégation de son identité juive, l'accuser de fuir ses responsabilités à l'égard de ses frères juifs devant les persécutions dont ils étaient victimes, lui reprocher de ne pas affirmer son hostilité à Hitler et au nazisme en les appelant par leur nom ? Voilà qui serait lui faire un mauvais procès. Bien d'autres émigrés autrichiens, ne serait-ce que Freud, n'ont pas été lucides aussi tôt que lui. Ce n'était pas un militant, un homme d'action. Il s'est trompé, minimisant le danger d'extrême droite, sur l'orientation que prenait la jeunesse en Allemagne, dans les années 30, et Klaus Mann a polémiqué avec lui. Toutefois il a toujours été relativement logique et conséquent dans sa vie intellectuelle : il rejetait le sionisme, mais il s'est toujours donné, même si c'est avec discrétion, pour juif et antinazi.

« Il faut se défaire de tout espoir »

Par *Alexis Lacroix*

Le machiavélisme homicide des nationaux-socialistes n'a guère laissé le choix à ses adversaires. Les intellectuels et artistes antinazis ont vu non seulement leur vie privée ravagée, mais surtout leur marge de riposte réduite à l'alternative de l'exil intérieur ou d'une résistance coûteuse pour leur survie. Retracer les destins croisés de deux d'entre eux, Stefan Zweig et son ami Joseph Roth, n'est pas seulement l'occasion d'évoquer cette oscillation – sensible dans leur correspondance –, mais aussi de mettre en exergue deux modalités opposées de l'anti-hitlérisme littéraire. Une oscillation à laquelle chacun d'entre eux a donné un large écho dans leurs nombreuses lettres, qu'ils tenaient l'un comme l'autre pour une planche de salut dans un temps de détresse.

Joseph Roth, dans le courrier qu'il échange avec Stefan Zweig en 1933-1934, apparaît sous le jour d'un résistant. Dans ces lettres, que Jacques Le Rider a qualifiées de « journal de la crise de la civilisation européenne », ce natif de Galicie exprime la conscience d'être devenu un Juif apatride. Endurant l'exil dès la prise de pouvoir des nazis, il trouve refuge à Paris : un séjour dans la capitale qui est contemporain de son effondrement intime.

Dans cet effondrement, Roth a conscience qu'il fournit une allégorie du calvaire de l'Europe martyrisée. Il témoigne de la faillite de la civilisation d'Europe centrale dont il s'est fait l'interprète dans ses romans, *La Marche de Radetzky* et *La Crypte des capucins*, où il retrace la lente désintégration de la société autrichienne. Contrairement à ce qui a souvent été suggéré, Roth n'a pas rêvé dans ces heures dramatiques d'une improbable restauration de la « Cacanie », qu'il savait politiquement impossible. Il a très tôt saisi, dès les années de son exil parisien, que la monarchie des Habsbourg, si elle fournit au mémorialiste un modèle désirable de sociabilité et de tolérance, avait aussi enduré une catastrophe littéralement irréparable. Proche en cela de Zweig, Roth s'affirme en de nombreuses occasions comme l'orphelin élégiaque de la monarchie bicéphale. Tandis que l'auteur de *La Marche de Radetzky* n'hésite pas à se présenter comme un « catholique autrichien », Zweig théorise dans des déplorations récurrentes le suicide de l'Europe, qu'il fait remonter au démantèlement de l'Autriche multinationale. La nostalgie de la patrie perdue, de sa catholicité multinationale, les réunit.

Mais là s'arrêtent les analogies véritables : les échanges épistolaires des deux écrivains font apparaître, à cette époque, une nette différence de sensibilité historique. Roth n'espère aucune consolation : le suicide de l'Europe crée de l'irréversible. Aussi son antinazisme se colore-t-il de tragique. Zweig semble ignorer au même moment qu'il vit une tragédie. Resté tributaire du confort illusoire de son mode de vie dandy, à l'abri de sa somptueuse villa de Salzbourg, il rechigne durablement à entrer en résistance contre le nazisme. Dès les élections du 14 septembre 1930 au Reichstag, Zweig a dessiné les contours de son attentisme quiétiste, qui justifie la montée en puissance du national-socialisme par l'indécision des hommes politiques. Son inclination spontanée – dont il devait mettre du temps à se départir – le portait à tenir le nazisme pour une crise passagère que l'Allemagne finirait par surmonter. Parallèlement, surtout après son voyage en Union soviétique, il déplorait la montée en France d'un matérialisme qu'il jugeait stérile, le qualifiant de « bourgeoisisme ». De même pouvait-il encore écrire qu'à ce matérialisme il préférait à tout prendre le « style stupide des hitlériens », propre à séduire les plus idéalistes. Certes, l'arrivée au pouvoir des nazis allait profondément changer la perception qu'il avait de l'Allemagne. S'il ne l'a certes pas dit ouvertement, Zweig, n'hésitant pas à qualifier les nazis de « troupe de brigands et de meurtriers », a pensé, dans les années consécutives à la prise de pouvoir de Hitler, que l'Allemagne portait depuis longtemps les germes du nazisme. Reste que ces convictions nouvelles ne s'articuleront jamais en protestations publiques. Zweig s'est arc-bouté sur son refus de prendre officiellement position contre l'Allemagne nazie.

Comme il l'expliquera plus tard, en guise de justification, dans *Le Monde d'hier*, « mon mouvement naturel, dans toutes les situations périlleuses, a toujours été de les esquiver, et ce n'est pas seulement dans cette circonstance qu'on a pu, peut-être à bon droit, accuser mon irrésolution ». Et d'expliquer, le 1er avril 1933, dans une lettre à Richard Strauss : « La politique passe, l'art demeure, il faut donc agir en vue de la pérennité et abandonner l'activité d'agitateur à ceux qu'elle occupe et comble déjà pleinement. » Un attentisme qui devait conduire Zweig à boycotter un congrès du Pen Club, à Dubrovnik en 1933, parce qu'il pensait que les Juifs allemands devaient rester à l'écart de ce genre de manifestation.

Face aux prémices de la barbarie, Roth ne craignait pas, en revanche, de passer pour un « agitateur ». Il n'attendit pas la prise de pouvoir de Hitler pour exprimer à l'endroit du nazisme une aversion sans compromis : « Il faut se défaire de tout espoir, définitivement et avec vigueur. Entre nous et lui, c'est la guerre. » Et d'ajouter : « Tous les écrivains importants qui sont restés là-bas vont subir une mort littéraire. » À Stefan Zweig, le 23 octobre 1930, il confie : « Qui ne se sentirait pas écœuré par la situation politique ? Vous avez raison, l'Europe est en train de se suicider, et la lenteur et la cruauté de ce suicide proviennent du fait que c'est un cadavre qui est en train de se suicider. »

Car, plus clairement que Zweig, Roth entrevoyait dans le national-socialisme une négativité radicale : « Une démence extrême, écrit-il, qui prenait la forme de ce qu'en psychiatrie on appelle la psychose "maniaco-dépressive". » Trois mois après la prise de pouvoir de Hitler, il écrivait : « Nous avons tous surestimé le monde, même moi qui compte parmi les êtres les plus pessimistes qui soient. Mais le monde est très, très bête : bestial. » C'est comme Juif aussi que l'auteur de *La Marche de Radetzky* témoignait, dans sa correspondance avec Zweig : « Nous venons plus d'une contrée appelée "Émancipation" que nous ne sortons d'Égypte. Nos aïeux sont Goethe, Lessing et Herder, pas moins qu'Abraham, Isaac et Jacob. En outre, contrairement à nos ancêtres, ce ne sont plus de pieux chrétiens qui s'en prennent à nous, mais des brutes païennes. Ce ne sont d'ailleurs pas les seuls Juifs qui sont visés [...] mais la civilisation et l'idée d'humanité. »

Par-delà leurs différences, les deux auteurs ont eu malgré tout, dans ces sombres temps, un point de convergence : le recours à l'écriture comme un levier pour rejeter l'intolérable. Rejet explicite, là encore, chez Roth, qui, en 1934, avec son récit intitulé *L'Antéchrist,* formule une fin de non-recevoir systématique et argumentée au paganisme nazi. Rejet implicite et même crypté de Zweig qui, la même année, tout en s'en tenant à son apolitisme prudent, articula une première prise de position antinazie avec sa biographie d'Érasme. Comme il l'expliqua à René Schickele, dans une lettre d'août 1934, « je considère qu'il est de notre devoir de ne pas attaquer chaque manifestation isolée, comme le font les journalistes et polémistes, mais d'aller à l'encontre des causes ». Il est frappant en tout cas que, au cours de la dernière séquence de son existence, Zweig ait trouvé dans le récit des vies exemplaires des grands humanistes un refuge face à la brutalité de l'époque. Cet exil intérieur d'un lettré n'a pas l'éclat du « non » rothien, mais il a permis à Zweig de ranimer une grande tradition européenne, celle de la « *cultura animi* ».

Le Brésil, ou l'exil dans le monde de demain

Par *Michel Riaudel*

LA RENCONTRE TIENT DU COUP DE FOUDRE. Ce qu'il trouve au Brésil, écrit Zweig, il ne l'attendait pas. C'est même avec quelque condescendance qu'il daigne y faire halte comme en passant, avant le congrès des Pen Clubs à Buenos Aires : « Je me faisais du Brésil la représentation moyenne et dédaigneuse des Européens et des Américains du Nord […] : une de ces républiques sud-américaines qu'on ne distingue pas très exactement l'une de l'autre, au climat chaud et malsain, dont la politique est troublée et dont les finances sont désolées, l'administration déficiente […] »

Mais le spectacle de la baie de Rio de Janeiro, contemplé du bateau à l'aube – l'heure des promesses – du 21 août 1936, le fascine. L'hospitalité bienveillante des autorités et l'accueil fervent des milliers de Brésiliens qui se pressent pour l'entendre le bouleversent. Le ministre des Affaires étrangères donne en son honneur un dîner au Jockey-Club. Le président Getúlio Vargas le reçoit en personne dans son palais. Son accompagnateur le jeune et distingué Jaime Chermont, le président du Pen Club Cláudio de Sousa, son éditeur Abraão Koogan, Mùcio Leão au nom de l'Académie brésilienne des lettres, achèvent de le subjuguer. Il leur exprime en retour toute sa gratitude dans son « Merci au Brésil » (1), concluant sur un vœu : « Qu'il me soit donné de revenir dans ce pays merveilleux. »

Il y reviendra à deux reprises, avec Lotte, sa seconde femme. Du 21 août 1940 à la mi-janvier 1941, lors d'un séjour entrecoupé d'un bref déplacement en Argentine et en Uruguay, il s'arrête de nouveau à Rio et découvre Ouro Preto, Salvador, Recife, Belém, en vue de la rédaction de *Brésil, terre d'avenir* qui paraît peu après. Fin août 1941, le voilà de retour, titulaire d'un visa permanent et avec cette fois le projet de s'installer. Il loue une maison à une soixantaine de kilomètres au nord de Rio, à Petrópolis. Le couple y demeure jusqu'à sa mort, le 22 février de l'année suivante.

Entre-temps, le monde a basculé dans la guerre et celui de l'écrivain autrichien s'est définitivement effondré. Aucune des mesures prises, que ce soit la vente de sa maison de Salzbourg, la naturalisation britannique, la fuite aux États-Unis, ne lui avait été un garde-fou suffisant contre son pessimisme devant la montée de la violence et de la haine. Le parallèle aurait été facile entre le passé englouti, consigné dans *Le Monde d'hier* – l'autobiographie qu'il achève au Brésil – et sa foi proclamée, pleine d'espérance, dans le « pays du futur », si son suicide n'apparaissait comme pierre d'achoppement.

Son enthousiasme brésilien n'aurait-il été qu'un mirage ? Pas au sens où, dès les premières annotations de son *Journal*, s'exprime une passion sincère et généreuse. Mais les bons sentiments recouvrent parfois de leurs désirs la réalité et, surtout, la vision du monde qui anime Stefan Zweig ne parvient guère à échapper aux conventions de son époque, au risque d'en devenir victime. Curieusement, il mêle sur le Brésil beaucoup de lucidité, celle de l'observateur, et un grand aveuglement, celui de son temps.

Il sait le gouvernement Vargas autoritaire, mais écrit le 28 août 1936 à Romain Rolland : « Ne croyez pas trop à ce qu'on vous raconte des dictatures : elles sont des paradis [...] et il existe (sauf pour tout ce qui est franchement communiste) une assez grande liberté de parole. » À la parenthèse près, donc, mais acceptée alors par beaucoup. À cette date, l'écrivain Graciliano Ramos (2) compte parmi les intellectuels qui font l'objet d'un emprisonnement arbitraire pour délit d'opinion. Et l'infléchissement dictatorial du 10 novembre 1937 va soumettre jusqu'en 1945 la vie intellectuelle à une habile mais rigoureuse censure.

Deux vertus du peuple brésilien ont frappé Stefan Zweig dès 1936 : son pacifisme et l'absence de tout racisme. S'il entrevoit en 1941 ce qui permettrait de les nuancer, il les célèbre toutefois d'autant plus volontiers qu'elles représentent l'envers de ce qu'il est en train de fuir. Sensible aux révisions lusotropicalistes en vogue, opérées à partir de Gilberto Freyre et du courant régionaliste né à Recife, il se laisse convaincre sans difficulté par l'originalité brésilienne de la colonisation douce et de l'homme cordial. L'auteur de *Maître et Esclaves*, s'opposant aux thèses jusque-là dominantes d'Oliveira Vianna prônant un cloisonnement entre les races, par nature inégales, avait insufflé en 1933 une relecture positive et conservatrice du métissage qui allait asseoir le mythe de la démocratie raciale brésilienne tout en restaurant la tradition coloniale agraire et patriarcale dont provenaient les oligarchies locales. Or ce qui, dans *Le Brésil, terre d'avenir* de Zweig, aurait pu ébranler fortement les stéréotypes mis en place par un tel discours est resté relégué au second plan.

Sorte d'innocence originelle des humbles, sa conception de la « cordialité » brésilienne, par exemple, approche finalement davantage la notion suspecte de « bonté » naturelle défendue par Cassiano Ricardo, un poète moderniste alors proche du pouvoir, que la subtile définition qu'en donne Sérgio Buarque de Holanda en 1936 dans *Raizes do Brasil* (« Racines du Brésil »), où l'historien l'oppose à la politesse et en décèle sa virtualité autoritariste. Par ailleurs, symétrique de la légende noire de la conquête espagnole, la prétendue tradition conciliatrice héritée des Portugais vient masquer à ses yeux la férocité des colonisateurs paulistes de l'hinterland, exaltés par l'historiographie de São Paulo, ou la cruauté du trafic de « l'ivoire noir », au nom d'une invocation à Goethe et à « cette force qui sans cesse veut le mauvais et cependant crée le bon ».

Connaissant les menées antisémites d'un pangermanisme qui tente d'organiser les zones de colonisation allemande pour faire pencher le Brésil du côté de l'Axe, il n'en souligne pas moins, comme pour les annuler, le « mélange libre et sans obstacles, […] l'égalité absolue des noirs et des blancs, des jaunes et des bruns », exemple de « la tolérance native du Brésilien qui s'est toujours affirmée au cours de son histoire ». Pourtant on lit aussi sous sa plume, à propos des immigrations blanches encouragées depuis l'indépendance de 1822 : « La race brésilienne qui, par un apport nègre de trois cents ans, menaçait de devenir toujours plus africaine, toujours plus noire de peau, devient visiblement plus claire, et l'élément européen aide le niveau général de la vie à s'élever au-dessus de celui atteint par l'esclave analphabète. » En inversant les responsabilités, la couleur de peau contre le système esclavagiste, Zweig apporte à son insu la preuve que l'idéologie raciste du blanchiment de la population qui avait cours au XIXe siècle était encore profondément enracinée dans les mentalités.

Des consciences contemporaines comme celles de Lévi-Strauss, professeur à l'Université de São Paulo de 1934 à 1939, ou de Roger Bastide, au Brésil depuis juin 1938 et déjà sensible par-delà l'enchantement aux dynamismes de la réalité qu'il découvre, sont encore marginales. Zweig, lui, ne s'abstrait qu'à peine des idées ambiantes, de fait servies par un « racisme cordial » moins franchement ségrégationniste qu'aux États-Unis. De même, en matière d'art, il préfère le plus officiel Candido Portinari, qui exécute trois panneaux pour le pavillon du Brésil à la Foire mondiale de New York de 1939, au « mauvais peintre » Lasar Segall (ce sont les termes de Zweig), issu de l'expressionnisme allemand, émigré comme lui, lié aux modernistes brésiliens et qui signe en 1936-1937 une toile intitulée *Pogrom*. Son propos va ainsi rencontrer *cordialement* la vulgate nationaliste relayée depuis décembre 1939 par l'efficace Département brésilien de la presse et de la propagande.

Le Brésil, havre pacifiste face à l'Europe dilacérée, aurait pour mission de reprendre le flambeau de la Civilisation ? Rosário Fusco, idéologue de l'État nouveau, n'écrit pas autre chose en 1940 : « L'avenir de la culture nous appartient, comme il appartient à l'homme américain de conserver la paix, l'ordre et l'entretien de l'Esprit dans le monde. » Au service d'un tout autre projet, Fusco croise ici un Zweig nourri de la tradition européenne qui a, depuis les humanistes, projeté sur le « Nouveau Monde » ses utopies.

Pourtant, Stefan Zweig n'est pas disposé à devenir, au-delà de ce à quoi il adhère, le chantre d'autorités soucieuses de promouvoir leur image et celle du pays. Sur ce front, de part et d'autre, d'amères déceptions se font jour. Aussi est-il pathétique de voir, dans la perspective d'une histoire il est vrai pour nous écoulée, comment Zweig, qui ne peut ni s'extraire mentalement de l'univers dans lequel il vit ni s'y conformer, s'est déporté volontairement dans une idéalisation compensatrice à laquelle il a voulu, plus qu'il n'a pu, croire. Le choix de Petrópolis comme résidence brésilienne l'illustre.

Fraîche villégiature d'été de Dom Pedro II conçue pour échapper aux canicules de Rio, sorte de « petit Baden à l'allure soignée », elle porte aristocratiquement le nom de son fondateur impérial, descendant des Habsbourg. L'ayant visitée lors de son premier séjour, il note dans son journal : « [...] petite ville banale habitée par les Allemands que le roi fit venir (les quartiers portent le nom de provinces allemandes), on les reconnaît à la blondeur des enfants ». Il compare aussi le site au Semmering ou à Ischi, stations d'hiver autrichiennes. Quant à la maison du 34 de la rue Gonçalves Dias, elle peut rappeler celle du Kapuzinerberg surplombant Salzbourg, où l'écrivain s'était installé autrefois. En fait de coup de foudre, la mariée de substitution semble hantée du souvenir des premières amours.

On ne peut dès lors être surpris des réactions partagées des intellectuels brésiliens. Les uns, comme Afranio Peixoto qui signe l'étonnante préface de juillet 1941 au *Brasil, país do futuro*, se sentent naturellement flattés des compliments prodigués. D'autres apprécient peu ce qu'ils estiment être de la complaisance à l'égard de Vargas, et comprendront encore moins – c'est le cas de Mario de Andrade – le suicide. Même l'hommage ému rendu dans son *Journal critique* par Sérgio Milliet, qui l'avait jadis rencontré en Suisse, n'est pas sans ombre : Stefan Zweig aurait manqué selon lui de « la simple certitude, sans désirs inquiets ni découragements, [qui] permet d'attendre le moment opportun de l'action et des paroles utiles. [...] Il n'était pas libéré de la crainte et de l'espérance et c'est pourquoi, bien qu'adressant à la postérité un message de foi et aux contemporains une protestation, il n'a pas trouvé en lui la sérénité nécessaire à la suprême résistance : la résistance à soi-même, aux impulsions de son admirable courage. Admirable et stérile ».

Plutôt que de se perdre en jugements et en conjectures sur l'abattement moral des derniers mois, dont Bernanos, autre contemporain mais celui-là à l'esprit de « croisé », fut le témoin lorsque Zweig lui rendit visite au domaine de Cruz-das-Almas, le mieux est peut-être de revenir à la lecture de ses œuvres. Et notamment à la situation de cette remarquable nouvelle qu'est *Le Joueur d'échecs*, seul texte de fiction écrit au Brésil [3] et puissante métaphore d'une forme particulière de désarroi : un être hypnotisé, possédé par ses bourreaux, persécuté par une menace à la fois invisible et réelle, mis en position d'être et le blanc et le noir, et le Bien et le Mal, schizé aliénante qui voudrait le mener à son propre anéantissement.

[1] Conférence du 25 août 1936, publiée dans *Pays, villes, paysages*, éd. Belfond.
[2] Cf. ses *Mémoires de prison*, trad. Antoine Seel et Jorge Coli, éd. Gallimard, 1988.
[3] Avec le roman inachevé *Clarissa*, auquel on peut ajouter les notes pour les biographies de Montaigne et Balzac.

Un Européen
en terre d'utopie

Par *Guillermo Pina-Contreras*

LORS DE SON ARRIVÉE À RIO DE JANEIRO, EN AOÛT 1936, Stefan Zweig rapporte dans son *Journal* : « Ma renommée dans ce pays est incroyable, elle touche tous les milieux, des plus élevés aux plus humbles, et ne se fonde pas sur tel ou tel livre, mais sur l'ensemble, sans discrimination. »

Ce voyage en Amérique du Sud – et plus précisément son séjour à Rio de Janeiro en tant qu'invité du gouvernement brésilien –, à l'occasion du congrès des Pen Clubs qui avait lieu à Buenos Aires en septembre 1936, était le premier véritable contact de Stefan Zweig avec l'Amérique latine. Au Brésil, il donna des conférences, des interviews. Il se lia d'amitié avec des écrivains brésiliens, et le président Getúlio Vargas le reçut même au palais du gouvernement.

Cet accueil avait pour lui une signification particulière. En Europe, tout avait changé depuis que Hitler avait pris le pouvoir. Son œuvre avait été mise au pilori et interdite en Allemagne. Sa seule faute : être juif. L'année précédente, l'opéra qu'il avait écrit pour Richard Strauss avait été interdit, et ce dernier obligé de démissionner de la présidence de la Chambre de musique du

Reich pour avoir entretenu des « relations avec un Juif ». Or, au grand étonnement de Zweig, les Brésiliens ne tenaient pas compte de ses origines juives pour saluer en lui l'auteur d'*Amok*, de *La Confusion des sentiments* et de *Vingt-quatre heures de la vie d'une femme*. Cette reconnaissance était le meilleur hommage qu'on pouvait lui faire. Le Brésil était le pays parfait. Zweig l'avait idéalisé au point qu'il n'y voyait aucune trace de racisme : « Ici l'homme n'était pas séparé de l'homme par les absurdes théories du sang et de la souche, de l'origine, écrit-il dans *Le Monde d'hier*. Ici pouvait se perpétuer et se développer en formes nouvelles et différentes la civilisation créée par l'Europe. J'avais jeté un regard dans l'avenir, les yeux comblés de bonheur, en contemplant les mille beautés de cette nouvelle nature. »

Ses relations avec l'Amérique latine n'auraient pas pris tant d'importance si, dès son retour en Angleterre, la vie en Europe était redevenue normale. Ce voyage tant désiré, comme il l'écrit dans la préface de son *Magellan*, se serait arrêté à cette biographie de l'illustre navigateur de Charles Quint. Certes, il était passionné de voyages, toujours prêt à connaître d'autres pays, mais sa vie n'avait de sens qu'en Europe. Néanmoins, il se rendait compte que son monde s'écroulait. Les contrôles aux frontières, le traitement dont étaient l'objet les Juifs et les étrangers, ces « vétilles » laissaient présager le pire.

En 1934, deux jours après que la police eut perquisitionné chez lui à Salzbourg, Zweig quittait l'Autriche sous prétexte de faire des recherches pour son livre *Marie Stuart*. Malgré quelques contrariétés sans importance, sa vie à Londres se déroula sans encombres un certain temps. Mais quand l'Autriche fut rattachée à l'Allemagne, il entra, comme les Allemands, dans la catégorie des « *Alien Enemies* ». Désormais, il fut soumis à des contrôles, obligé de prévenir la police pour le moindre déplacement. « Une honte pour un homme de mon âge et de ma position », note-t-il dans son *Journal*.

Zweig se sentait poursuivi en tant que Juif et en tant qu'Allemand. Il était aux abois. Le jour même où il allait se marier avec Charlotte Altmann, sa jeune secrétaire, l'Angleterre déclarait la guerre à l'Allemagne. Quand la France tomba aux mains des nazis, il eut l'impression que c'était la fin, qu'il était devenu un véritable « sans patrie » : « La France perdue, réduite en ruine pour des siècles, le pays le plus adorable d'Europe – pour qui écrire, pourquoi vivre. Ici, la situation est de plus en plus tendue, tout naturalisé qu'on soit, on se sent un outsider, et même un indésirable parce qu'on est devenu un individu à tenir à l'œil. » C'est ce que note Zweig dans son *Journal* le lundi 17 juin 1940, et une semaine plus tard il embarquait pour Rio de Janeiro.

On aurait pu s'attendre à ce que l'Amérique latine apparaisse dans son dernier récit, *Le Joueur d'échecs*, écrit et publié pour la première fois au Brésil après sa mort, en 1943. Or, l'histoire ne se déroule même pas dans un pays d'Amérique du Sud, mais sur un bateau. C'est la dernière étape du voyage vers l'exil d'un certain nombre d'Européens qui, fuyant le nazisme, vont se réfugier au Brésil et en Argentine. Peut-être y trouveront-ils l'espoir…

Par ailleurs, les amitiés de Zweig avec les intellectuels et écrivains de son pays d'accueil et du Nouveau Monde, son désir d'apprendre l'espagnol et le portugais, n'étaient pas nouveaux chez lui : il avait toujours entretenu des relations personnelles avec des intellectuels et des artistes, et aimait connaître les langues – c'était une tradition du côté de sa mère.

Il serait exagéré de dire que Stefan Zweig ne s'est pas intéressé à la vie quotidienne du Brésil. Mais il était si reconnaissant envers ce pays qu'il l'idéalisait. Son œuvre, *Brésil, terre d'avenir*, est un éloge, un remerciement, plutôt qu'une véritable analyse de ce pays. En fait, il y cherchait un substitut de l'Europe. Cette idée le hantait depuis son voyage de 1936 : « Si j'avais réputé l'Europe perdue depuis ce dernier regard sur la guerre imminente, là-bas, sous la Croix du Sud, je me remis à espérer et à croire » écrit-il dans *Le Monde d'hier*. Les intellectuels et écrivains brésiliens ne comprirent pas qu'à travers ce livre sur leur pays se dessinait une critique de l'Europe dévastée par les nazis. Ils lui reprochèrent son manque d'objectivité.

Zweig restait tourné vers l'Europe. Dans son autobiographie, *Le Monde d'hier*, terminée à New York début 1941, il ne fait même pas allusion aux quelques mois déjà passés au Brésil, moins encore à sa vie intellectuelle ni à ses relations avec les poètes Cláudio de Sousa, Guilherme de Almeida, et le critique et romancier Afranio Peixoto, entre autres. Le récit de son voyage de 1936 a une valeur itérative. Il omet de mentionner sa tournée de conférences en Uruguay et en Argentine fin 1940, et se limite à regretter le monde que la barbarie des nazis lui a arraché.

Peut-être l'importance des événements mondiaux, le handicap de la langue – malgré ses efforts pour l'apprendre – l'empêchaient-ils de s'intégrer à la vie intellectuelle et culturelle du Brésil et de l'Amérique latine. Son exil sud-américain fut court. Il s'étale du début du mois de juillet 1940 jusqu'au 22 février 1942, jour où il se suicida avec sa femme.

Zweig avait perdu son monde. Ni le Brésil, ni l'Amérique latine n'avaient pu remplacer l'Europe.

Désillusions sud-américaines

Par *Georges Lomné*

> « *Ce grand monde, que les uns multiplient
> encore comme espèces sous un genre,
> c'est le miroir où il nous faut regarder
> pour nous connaître de bon biais.* »
> Montaigne, Essais I, XXVI

DÈS AVRIL 1941, À PEINE ACHEVÉ *Amerigo Vespucci*, Stefan Zweig donna libre cours à l'ambition qui l'avait toujours habité de guetter son « soy-même » dans le miroir du monde. Ce regard de « bon biais », qui le fera communier si intimement avec Montaigne dans l'ultime refuge de Petrópolis, le conduit dans son autobiographie à s'autoriser quelques accommodements à propos de l'image qu'il a souhaité léguer de l'Amérique du Sud. Ainsi, la préséance que *Le Monde d'hier* accorde à l'Argentine au détriment du Brésil inverse-t-elle la chronologie du voyage effectué au cours de l'été 1936, de même que la hiérarchie affective qu'il établissait entre les deux pays dans sa correspondance privée.

À cette dissemblance viennent s'ajouter des angles morts : *Le Monde d'hier* ne dit mot du premier voyage au Brésil ni de la tournée triomphale en Argentine et en Uruguay de l'automne

1940. Faut-il induire de ces distorsions et silences que l'Amérique du Sud n'aurait été pour Zweig, en fin de compte, qu'un alibi à la « ressouvenance » de l'Europe ?

Dans la recomposition du passé qu'il nous livre, la République argentine endossait en 1936 les habits d'une Espagne « à la vieille culture gardée et protégée », loin du poison de la haine qui commençait de ravager la Péninsule. Le congrès des Pen Clubs, auquel il participa au début de septembre à Buenos Aires, revêtait *de facto* le caractère d'une tribune de « l'unité spirituelle » qu'il était urgent de reconstituer pour s'opposer aux avancées de la barbarie. Le Brésil tenait le second rôle bien qu'il incarnât, mieux que tout autre, le refus des « absurdes théories du sang, de la souche, de l'origine ». Or l'écho de ses impressions premières est en contradiction formelle avec *Le Monde d'hier* sur nombre de ces points. Le 25 août, une dizaine de jours avant son embarquement pour Buenos Aires, Zweig écrivait à Friderike : « Le Brésil est un pays *incroyable*, je hurlerais comme un chien à la chaîne de devoir le quitter. [...] Si je pouvais seulement leur rembourser leur argent et rester à Rio ! » Dans les faits, la féerie brésilienne allait reléguer au rang de « foire aux vanités » le congrès de Buenos Aires.

L'image que Zweig en restitue à Friderike est sans détours : « Le congrès est ponctué de heurts entre les fascistes et les autres, puis retombe dans un ennui mortel – tout est traduit en trois langues ! Cette « École Berlitz », où les conflits de personnes prennent le pas sur le règne de l'Esprit, l'incommode au plus haut point. D'autant plus que la presse se montre bien peu respectueuse de sa ligne de conduite volontairement effacée. « Une photo format géant me représente en train de pleurer (!) au discours de Ludwig. Oui, voilà ce que l'on pouvait lire en caractères énormes ! En vérité, j'étais tellement écœuré lorsqu'on nous présenta comme des martyrs que je m'étais caché la tête dans les mains pour ne pas être photographié, et c'est justement cela qu'ils ont pris, puis ils ont inventé une légende adéquate », écrit-il à Friderike le 12 septembre.

Le malentendu de Zweig avec l'Argentine touchait à son comble. En cela réside, sans doute, la raison de son refus péremptoire d'accéder à la demande officielle qui lui fut faite de rédiger une biographie du Libertador San Martin. L'amertume transparaît, y compris dans sa perception de la ville : « Buenos Aires est d'une beauté ennuyeuse, comparable en rien, même en rêve, avec le sublime Rio dont je suis tombé amoureux. » Il la compare à Birmingham ou à Gênes, alors qu'il avait dépeint Rio dans son *Journal* sous les traits de Vénus Anadyomène...

Dès lors, on comprend mieux les réticences de Zweig à l'égard de la nouvelle « excursion » en Argentine qu'il entreprend en octobre 1940, sur l'insistance de son traducteur et ami Alfredo Cahn. Le « dur moment à passer » qu'il redoutait se mua cependant en tournée triomphale. Sa notoriété avait grandi et Alfredo Cahn avait pris soin de lui faire prodiguer des honneurs dignes de ceux dont le Brésil l'avait gratifié. Surtout, l'engouement que suscitèrent les conférences de Zweig fut extraordinaire. Plusieurs milliers de personnes étaient accourues à la première d'entre elles et la police avait dû interdire la circulation alentour. « Jamais auparavant, ni depuis, Buenos Aires n'a rien connu d'analogue », écrira Alfredo Cahn à Friderike. Le fait que Zweig se soit adressé au public en espagnol pour lui présenter « La Vienne d'hier » avait fait sensation.

Le jeune chargé d'affaires à l'ambassade de Colombie, Germán Arciniegas, qui se trouvait au premier rang de l'assistance, se présenta à lui en ces circonstances mouvementées. Cette rencontre mérite d'être mentionnée, car elle constitue l'un des rares témoignages que l'on possède sur l'intérêt porté par Zweig à l'égard de la réalité andine. Lors de sa traversée de New York à Rio, en août 1940, Zweig avait lu et beaucoup apprécié l'ouvrage d'Arciniegas *Los Comuneros*.

« Pour un Européen comme Zweig, une telle littérature, quelque peu rude, crue, comportant la description de paysages et d'hommes à l'état brut, dépourvue des apprêts de la civilisation contrastait à coup sûr avec ce qu'il venait de quitter. Il s'enthousiasma », selon les propres termes d'Arciniegas en octobre 1944. Le récit de cette aventure humaine dont il ignorait tout, la révolte des créoles de Nouvelle-Grenade (actuelle Colombie) en 1780, l'avait incité à s'enquérir de l'auteur avec insistance, dès son arrivée à Buenos Aires.

Deux rencontres eurent lieu par la suite durant lesquelles Arciniegas eut le loisir d'initier Zweig à une nouvelle « heure étoilée » : la quête de l'*El Dorado* par Don Gonzalo Jiménez de Quesada, thème d'une biographie qu'il venait de publier à Bogotá. Ce fut l'occasion pour Zweig de manifester de nouveau son enthousiasme. En moins de trois jours, il fit une lecture minutieuse de l'ouvrage et suggéra à l'auteur de le faire traduire en anglais. Il lui conseilla de changer le titre de ce livre et tous deux tombèrent d'accord pour l'appeler désormais : *The Knight of El Dorado* (« Le Chevalier d'El Dorado »). Zweig offrit son concours pour convaincre Ben Huebsch, son propre éditeur new-yorkais, de le publier.

Zweig se passionna pour la théorie émise par Arciniegas selon laquelle Cervantès se serait inspiré de la vie du conquistador de la Nouvelle-Grenade pour écrire celle du Don Quichotte. A l'époque, l'idée que Cervantès était un *converso* (un juif converti) commençait à se répandre. Zweig a pu percevoir dans le « Chevalier à la triste figure » une sorte de transposition épique de l'archétype d'Ahasvérus, le Juif errant. Mais, ce qui passionna le plus Zweig était qu'un personnage de chair ait pu l'incarner. N'avait-on pas également émis l'hypothèse que Quesada, né à Cordoue, aurait été lui aussi un *converso* en raison de son ascendance ? La remarque a été faite qu'à la ville qui lui servit de base pour sa conquête du Haut Magdalena il donna le nom de La Tora. Il est malaisé, à moins de retrouver l'exemplaire du livre annoté par Zweig, de savoir si l'auteur autrichien avait relevé ce dernier élément. Sans conteste, un conquistador qui maniait la plume à l'égal de l'épée, et qui avait résolument choisi d'*être* au lieu d'*avoir* méritait de figurer de plein droit au panthéon des grands héros de l'Esprit.

Cet intérêt participait de la fascination des écrivains de langue allemande pour la catégorie du quichottisme. Que l'on songe *inter alia* à la biographie de Cervantès de Bruno Frank, en 1934, ou à l'ouvrage de Jakob Wassermann, réédité à Buenos Aires en 1938 sous le titre *Cristóbal Colón, Quijote del Océano*. Zweig, qui reprend ce dernier qualificatif pour désigner Colomb au chapitre V de sa biographie de Magellan, ne pouvait ignorer non plus l'essai rédigé en 1934 par Thomas Mann sur le vapeur *Volendam* : *Traversée avec Don Quichotte*.

Ces ouvrages avaient déjà pu fournir à Zweig le thème d'une méditation sur l'image réflexive du chevalier errant dont tout intellectuel fuyant le nazisme pouvait faire son héros emblématique. Ajoutons que Zweig avait reconnu chez Arciniegas des mérites littéraires de nature identique aux siens : « La clarté de l'exposition de la matière, la documentation exacte sans encombrement avec des détails superflus et ennuyeux, et surtout ce style animé qui vous a rendu un des maîtres incontestables de la prose espagnole d'aujourd'hui. »

Leur conception de l'histoire les rapprochait plus encore. Dans sa thèse de doctorat sur Taine, soutenue en 1922, Zweig avait dénoncé l'historiographie traditionnelle qui négligeait les « innombrables sans-grade » au profit des Puissants. Il y avait, selon lui, nécessité à déplacer la catégorie des héros en célébrant au premier chef les conquérants du domaine de l'Esprit. Que faisait Arciniegas, sinon célébrer les acteurs impersonnels de la Conquête : le potier indigène ou la « piétaille » espagnole ? Ne mettait-il pas également l'accent sur ces destins qui surgissent de la Plèbe et peuvent soudainement étoiler l'Humanité ? Victoria Ocampo permit à Arciniegas d'exposer cette conception dans un article de la revue *Sur* qui parut à Buenos Aires, deux mois à peine après sa rencontre avec Zweig. Par la suite, sa conception de l'histoire ne se départira jamais de celle d'un genre nécessairement proche de la poésie. Là aussi, la concordance avec Zweig est certaine.

Les deux hommes ne manquèrent pas de correspondre par la suite et l'on peut affirmer qu'au lendemain de la fin tragique de l'écrivain et diplomate cubain Hernández Catá, en novembre 1940, Arciniegas fut, aux côtés d'Alfredo Cahn et de Gabriela Mistral, l'un des rares écrivains sud-américains d'expression espagnole avec qui Zweig ait maintenu une relation suivie et amicale. Outre leurs affinités intellectuelles, ces liens d'amitié obéissaient également à une nécessité vitale pour l'écrivain autrichien : celle d'avoir en réserve pour ses proches et pour lui-même une terre d'accueil autre que le Brésil ou l'Argentine.

Le 6 novembre 1940, Arciniegas écrivait à Eduardo Santos, président de la République colombienne : « Zweig m'a dit l'autre jour au cours d'une conversation que j'ai eue avec lui qu'il nous serait très reconnaissant si nous pouvions lui rendre un jour un service d'ordre personnel. Cela consisterait à procurer un visa à deux ou trois personnages éminents, de proches amis, qu'il garantit comme des gens éminemment respectables du point de vue moral et intellectuel, prisonniers de fait aujourd'hui en Hollande et en Belgique. » Voilà dévoilée, semble-t-il, l'identité de la « personnalité » à laquelle Zweig fait allusion dans un courrier à Friderike du 30 octobre. Arciniegas obtint effectivement un visa colombien pour le graveur belge Frans Masereel dès l'été 1941, mais celui-ci tergiversa dans l'espoir de se rendre au Brésil au grand regret de Zweig à qui n'échappait pas le raidissement progressif de ce pays à l'encontre des immigrants européens.

La montée en puissance des sympathies pronazies en Argentine et au Brésil, à l'automne 1941, a peut-être incité Zweig à considérer l'option d'un exil au Chili ou en Colombie. À cette époque, il ne dispose plus guère de la bienveillance du dictateur Getúlio Vargas et avait perdu certaines illusions à l'égard de l'« Éden brésilien ». La rupture officielle des relations diplomatiques entre la Colombie et l'Axe, le 8 décembre 1941, dut le rassurer quelque peu. En outre, le fait qu'Arciniegas, ami personnel de Santos, ait été nommé ministre de l'Éducation, le 13 janvier 1942, constitua pour lui un gage supplémentaire de sécurité. L'invitation que réitère Arciniegas à Zweig, « sur le coup de midi ce même jour », de découvrir la véritable Amérique, c'est-à-dire l'Amérique andine du versant pacifique, et non l'Amérique trop européenne du versant atlantique, ne pouvait qu'éveiller sa curiosité intellectuelle.

Ses derniers propos eurent trait à cette correspondance ainsi que l'a rapporté Ernst Feder : « Il était presque minuit lorsqu'ils nous raccompagnèrent jusqu'à la maison. Je marchais devant, avec Zweig. L'ami colombien dont il m'avait montré le livre sur l'Amérique du Sud venait d'être nommé ministre de l'Éducation. En réponse à sa lettre de félicitations, il l'avait invité à Bogotá. "Vous devriez y aller", lui dis-je et comme nos épouses nous rejoignaient, je m'adressai à Lotte : "Nous venons d'organiser une expédition commune en Colombie, viendrez-vous ?" Ma femme pensait qu'un tel voyage en temps de guerre n'était pas sans danger. Lotte répliqua que son voyage jusqu'en Amérique n'avait pas été une partie de plaisir. "Je ne ferai pas ce voyage", dit Zweig… »

En réalité, il avait déjà scellé lui-même son destin : la séduction émanant des horizons nouveaux que lui offrait l'Amérique andine ne pouvait hélas combler l'abîme creusé par la fin brutale d'une époque.

L'Europe, sa ferveur puis son tourment

Par Jacques Le Rider

LES MÉMOIRES DE STEFAN ZWEIG, *Le Monde d'hier*, conçus en 1940 en Angleterre, ébauchés à New York, achevés l'année suivante au Brésil, à Petrópolis près de Rio, publiés en 1942 au lendemain du suicide de l'auteur, le 22 février 1942, sont placés sous le signe de l'Europe. Du sous-titre *(Souvenirs d'un Européen)* aux dernières pages, qui font revivre au lecteur le désespoir de Zweig au moment de l'invasion de la Pologne par l'Allemagne nazie et du déclenchement de la Seconde Guerre mondiale en septembre 1939, l'Europe est le leitmotiv de cette autobiographie : l'Europe de la Belle Époque, l'Europe détruite par la Première Guerre mondiale et reconstruite dans l'entre-deux-guerres, l'Europe assassinée par le nazisme et les fascismes.

En septembre 1939, Stefan Zweig a le sentiment accablant, écrit-il, que « sa tâche la plus intime, à laquelle il avait consacré pendant quarante ans toute la force de sa conviction, la fédération pacifique de l'Europe, est anéantie ». Celui qui se définissait, dans la préface du *Monde d'hier*, comme « Autrichien, Juif, humaniste et pacifiste », dont le cœur avait choisi pour « vraie patrie, l'Europe », pressent que tout est perdu pour lui et que l'Europe unie qui avait semblé renaître au début des années 1920 n'est plus qu'un continent perdu et un lieu de mémoire.

Quelques années plus tôt, il avait composé un bref autoportrait pour un recueil publié en 1936 à New York (1). Il concluait sur ces mots : « Depuis le début, j'ai toujours visé à l'universalité et raisonné en me plaçant au-dessus du simple nationalisme. » Il insistait sur deux expériences formatrices : ses grands et fréquents voyages à travers l'Europe, l'Amérique, l'Inde, et son amitié avec quelques figures de proue de sa génération (Verhaeren, Romain Rolland, Freud, Rilke). Récapitulant les caractéristiques fondamentales de son œuvre de romancier, il mentionnait un grand intérêt pour la psychologie, la condensation de destins individuels dans la forme courte de la nouvelle – il mentionnait *Amok* et *La Confusion des sentiments* comme les plus marquantes parmi ces *short stories* –, enfin les portraits littéraires en forme d'analyse psychologique (il évoquait en particulier ses essais sur Dostoïevski, Tolstoï et Balzac). Puis il insistait sur l'importance de la Première Guerre mondiale qui lui avait infligé, disait-il, « le grand choc émotionnel de son existence » en même temps que « la plus forte des leçons morales » : depuis la Grande Guerre, ajoutait-il, son intérêt pour les sujets historiques n'avait cessé de grandir, le conduisant à écrire ses grandes biographies, *Fouché, Marie-Antoinette* ou *Érasme*, et à méditer sur les périodes troublées du passé afin d'éclairer le présent et d'ouvrir la voie à « l'unification de l'humanité et à l'entente entre les peuples et les nations ».

Cet autoportrait de 1936 est une synthèse précieuse sur le sentiment d'identité européenne vécu par Zweig. Pour lui, l'Europe est une modalité de l'universel humaniste. Il conçoit et représente l'Européen comme un type humain psychologique et la civilisation du Vieux Continent comme l'aboutissement d'un destin historique partagé, pour le meilleur – des valeurs culturelles communes – et pour le pire – la volonté de puissance des gouvernants et le nationalisme contemporain. Cette vision d'un universel européen ne l'empêche pas de célébrer les identités culturelles nationales qui se conjuguent, entrent en dialogue et s'enrichissent au contact les unes des autres : l'Europe selon Zweig est une civilisation de la diversité, du pluralisme linguistique et de la traduction, du respect des « petites différences » vécues par les groupes sociaux et nationaux comme essentielles, mais que rapproche un air de famille aisément reconnaissable. Il voit par exemple en Verhaeren, dans la biographie qu'il lui consacre en 1910, un parfait représentant de ce qu'il appelle la « race belge flamande » qui a transcendé le particularisme national : « Admirez-vous les uns les autres, tel était le mot d'ordre [de Verhaeren] aux peuples d'Europe », écrit Zweig. Ses jugements sur Verhaeren trahissent un certain flou dans ses conceptions européennes : il ne cesse d'insister sur la germanité foncière de l'écrivain belge, opposant la « virilité » de sa poésie à la « féminité française », reprenant plus ou moins consciemment des stéréotypes teintés de nationalisme.

En 1913, Romain Rolland note chez son ami Zweig « cette manie allemande, qui pèse sur les plus libres : malgré son admiration pour la France, il commence dans la conversation par accumuler toutes les raisons de la supériorité de l'Allemagne sur la France ». Tout cela nous rappelle que la notion d'Europe, au XXe siècle, change de sens en fonction des contextes : à chaque nation correspond une carte mentale de l'Europe, à chaque aire culturelle une représentation de l'Europe, et ces cartes mentales, ces représentations ne se recoupent pas.

Dans sa biographie de Romain Rolland, publiée en 1920, Stefan Zweig n'accorde plus la même importance à l'enracinement : il évoque brièvement le terroir natal, mais insiste surtout sur la formation de la « conscience européenne » de Romain Rolland. Il écrit par exemple, à propos du roman *Colas Breugnon* : « [Rolland] qui a mis toutes ses forces et toute sa passion à s'élever de l'état de Français à celui d'Européen [...] éprouve maintenant une véritable envie de redevenir pour lui-même [...] tout à fait français, tout à fait bourguignon et nivernais. » Dans la correspondance de Rolland et de Zweig, on trouve de nombreux passages où l'auteur de *Jean-Christophe* exhorte Zweig à agir plus vigoureusement, et parfois même lui reproche vertement son inertie, son individualisme, son apolitisme. Selon la formule de Serge Niémetz, « Zweig voit Rolland se dresser périodiquement devant lui et en statue du Commandeur lui rappelant ses manquements, et s'éloigner politiquement de lui (2) ». Cette évolution n'altérera pas leurs relations personnelles : Zweig, en réalité, considérait les questions politiques comme secondaires.

C'est une tendance commune à Stefan Zweig et à des romanciers bien différents, Joseph Roth et Robert Musil : pour eux, l'histoire du temps présent se réduit à l'inexorable dégradation des valeurs fondatrices de la civilisation européenne et à la montée en puissance d'une nouvelle barbarie. Sur le ton de la nostalgie désespérée, *Le Monde d'hier* transforme rétrospectivement en âge d'or, non seulement de l'Europe centrale habsbourgeoise mais de l'Europe entière, l'univers décrit avec une ironie parfois affectueuse, mais bien souvent sarcastique, sous le nom de « Cacanie », dans *L'Homme sans qualités*. Plus encore que chez Joseph Roth, l'ancienne monarchie est transfigurée dans les Mémoires de Stefan Zweig. Dans *La Marche de Radetzky* de Roth, les nombreux signes de décadence qui annoncent l'effondrement final de l'ordre austro-hongrois ne permettent pas au lecteur de croire à la validité du modèle « cacanien ». Mais chez Zweig, dans le premier chapitre du *Monde d'hier*, il est question du « génie de Vienne » qui a toujours consisté, écrit-il, à « harmoniser tous les contrastes ethniques et linguistiques » et à permettre « une synthèse de toutes les cultures occidentales », de telle sorte que, « nulle part, il n'était plus facile d'être un Européen ».

Les évocations de la Cacanie défunte dans *Le Monde d'hier* constituent la version sans doute la plus populaire du « mythe habsbourgeois » étudié par Claudio Magris. « Bien qu'il analyse sans complaisance certaines plaies sociales, Zweig donne de l'empire une image tendre et sentimentale », écrit Magris. Un thème essentiel du mythe habsbourgeois est que le système refondé par le Compromis austro-hongrois (l'*Ausgleich*) de 1867 aurait permis la consolidation des « États-Unis de l'Europe centrale danubienne » si le nationalisme n'avait pas ruiné la sage politique d'équilibre des nationalités conçue par l'administration viennoise. Faisant de la nationalité (comme de la confession) un attribut subsidiaire de la citoyenneté et non le principe même de la citoyenneté, l'État habsbourgeois aurait été supranational, tandis que les citoyens d'Autriche-Hongrie auraient été « *hinternational* », selon la formule de l'écrivain d'origine praguoise Johannes Urzidil, chaque individu de citoyenneté austro-hongroise (ou cacanienne...) conservant sa « nationalité privée ». Le pluralisme multiculturel des institutions autrichiennes à l'époque de l'Empire libéral aurait rendu possible la cohabitation harmonieuse des groupes ethnico-linguistiques.

Dans la situation historique où se trouvait Stefan Zweig au moment où il écrivait ses Mémoires, face à un monde livré à la guerre et aux persécutions, une force de suggestion irrésistible émanait du mythe habsbourgeois. Mais le mythe et l'histoire ne se rejoignent jamais. Loin de penser que l'Autriche-Hongrie aurait détenu la formule de l'intégration européenne des nations d'Europe centrale, les historiens mettent en évidence les nombreux conflits entre nationalités et groupes ethniques que le système habsbourgeois avait mis sous le boisseau et qui se sont transformés en affrontements violents dès la fin de la Première Guerre mondiale.

Le cosmopolitisme de Zweig sous-estimait aussi la perte de toute appartenance nationale, sous l'effet de la décomposition de l'Autriche-Hongrie, minée par les mouvements nationalistes, antisémites et les xénophobies de toutes sortes. L'universalisme de Zweig, le grand voyageur de la Belle Époque et des années 1920, ressemblait, écrit Hannah Arendt dans *La Tradition cachée,* à un passeport international qui lui donnait accès à tous les pays du monde, sauf au sien. On trouve dans le journal de Hermann Bahr, en date du 28 novembre 1903, cette réflexion troublante : « Peut-être les nouveaux Autrichiens ont-ils pour vocation d'inventer l'homme apolitique, non seulement coupé de toute nation, mais même de tout État, une sorte de nouveau Juif. » Cette formule de Bahr, qui lui-même n'était pas juif, s'applique assez bien à Stefan Zweig, « nouveau Juif » d'une Autriche-Hongrie supranationale. Dans *Le Monde d'hier*, il analyse le sentiment d'identité juive des jeunes Viennois de son milieu et de sa génération comme « la secrète aspiration à échapper, par la fuite dans le spirituel, à ce qui est spécifiquement juif, pour se fondre dans l'humanité universelle ».

Face aux écrivains yiddish Schalom Asch et Israël Joshua Singer, rencontrés à New York en janvier 1935, Stefan Zweig s'était senti au contraire confronté à un « cercle restreint, à l'écart de la littérature universelle », qui le transportait d'un seul coup en Pologne ou dans la Leopoldstadt, le quartier populaire juif de Vienne, comme il le note dans son journal. Sur sa carte mentale de citoyen d'Autriche-Hongrie et d'Européen, les confins orientaux étaient un continent obscur et mal connu. En juillet 1915, à l'occasion d'une mission dont l'avaient chargé les Archives de guerre auxquelles il était affecté depuis le 1ᵉʳ décembre 1914, Zweig avait découvert la province habsbourgeoise de Galicie, à l'époque disputée entre l'armée russe et l'armée autrichienne. Dans son Journal, il exprime des sentiments contradictoires : une répulsion instinctive, dont il a honte, face à la pauvreté du ghetto juif de Tarnow ou face à « une foule de réfugiés, de pauvres Juifs polonais avec femmes et nourrissons, le tout baignant dans l'étrange et pénétrante odeur de la misère et plongé dans le chaos » ; mais aussi une profonde émotion face à la culture juive qu'il découvre et qui le fascine. Il éprouve une sorte de complexe d'infériorité de l'Autrichien qui croit constater la suprématie éclatante de l'organisation et de la stratégie allemandes, comme dans ce passage surprenant où il observe un train-hôpital allemand, venu de Hambourg, à l'arrêt dans une gare de campagne : « Cinquante voitures éblouissantes, des draps blancs, sans un pli, on aurait presque envie de s'y coucher. »

De ces impressions bouleversantes du voyage en Galicie, Stefan Zweig tirera en 1929 l'admirable nouvelle *Buchmendel (Le Bouquiniste Mendel)*, une allégorie du destin tragique des Juifs des confins orientaux d'Europe centrale. Mendel, « ce petit Juif de Galicie », spécialiste du livre rare et ancien, porte dans sa mémoire infaillible le fichier complet de la culture occidentale. Il est le double, lui, le Juif de l'Est, de l'intellectuel cosmopolite Stefan Zweig, dont on sait qu'il fut un des grands bibliophiles de son temps : sa bibliothèque privée recélait quelques trésors et une splendide collection de manuscrits littéraires et musicaux. Mendel a toujours vécu dans les livres, hors du monde : il ne connaît pas les États-nations contemporains, il ignore le sionisme. Au moment de la Première Guerre mondiale, quand la Galicie est occupée par les Russes, il devient apatride et se comporte si maladroitement, continuant à échanger des correspondances avec des clients bibliophiles français, que la police autrichienne le jette dans un camp d'internement pour civils russes, où il meurt dans des conditions pitoyables. En 1929, Stefan Zweig, le grand bourgeois de Salzbourg, écrivain à succès applaudi dans le monde entier, ne se doute pas qu'il connaîtra, une décennie plus tard, un sort analogue à celui du malheureux « petit Juif de Galicie ».

Dans sa biographie de Montaigne, qu'il rédigea peu après avoir achevé ses Mémoires, Stefan Zweig entreprend de justifier sa propre destinée. Ce grand modèle auquel il s'identifie lui permet d'exprimer une dernière fois son aversion pour toute forme d'engagement politique partisan. Les deux hommes ont eu la chance de vivre une enfance heureuse, de recevoir une éducation raffinée, de disposer d'une fortune personnelle qui fut le gage de leur indépendance matérielle et intellectuelle. La vie de Montaigne au milieu de sa bibliothèque fut, comme celle de Zweig, entrecoupée de longs voyages à travers l'Europe. Tous deux ont fait l'expérience de l'exil : quand la peste menace sa maison, Montaigne se résout à l'abandonner. Stefan Zweig insiste sur le fait que Montaigne avait « une mère de sang juif » et, une page plus loin, il souligne que l'auteur des *Essais* se voulait « un libre penseur, libéral et tolérant, fils et citoyen, non d'une race et d'un pays, mais citoyen du monde par-delà les pays et les époques ».

À la fin du *Monde d'hier*, Stefan Zweig consacre quelques pages poignantes à représenter l'abominable confusion des identités nationales dont les Juifs viennois en exil furent les victimes. Dans ses rêves de cosmopolite, il s'était naguère imaginé le bonheur « d'être sans nationalité, de n'avoir d'obligations envers aucun État et ainsi d'appartenir indistinctement à tous ». Mais, depuis la déclaration de guerre, les Autrichiens réfugiés en Angleterre étaient considérés comme des Allemands. Stefan Zweig était devenu un « *enemy alien* ». « Pouvait-on imaginer situation plus absurde que celle d'un homme qui, repoussé depuis longtemps d'une Allemagne qui, en raison de sa race et de sa manière de penser, l'avait stigmatisé comme anti-allemand, et qui [en Angleterre] était forcé d'adhérer à une communauté à laquelle, en sa qualité d'Autrichien, il n'avait jamais appartenu. » Dans ces moments de détresse, le Juif viennois en errance ne parle plus que d'une patrie : l'Europe. L'avant-dernier paragraphe des Mémoires de Stefan Zweig, qui sont sans doute son chef-d'œuvre le plus incontestable, s'achève sur ces mots : « L'Europe, notre patrie pour laquelle nous avions vécu, était ravagée pour un temps qui s'étendrait bien au-delà de notre vie. »

(1) « Stefan Zweig », *in* Georges Schreiber, *Portraits and Self-Portraits*, Houghton Mifflin Company, 1936.
(2) Serge Niémetz, *Stefan Zweig. Le Voyageur et ses mondes. Biographie*, Belfond, 1996, rééd. Le Livre de Poche, 1998.

Un exil avant tout intérieur

Par *Lionel Richard*

QUAND HITLER EST APPELÉ AU POSTE DE CHANCELIER d'Allemagne, fin janvier 1933, Stefan Zweig a bien des raisons, certes, de s'inquiéter. Il n'en a pas de désespérer. La décennie précédente l'a conduit au succès : castel du XVIIe siècle sur le mont des Capucins à Salzbourg, où il reçoit les écrivains de toute l'Europe; équilibre dans sa vie commune avec Friderike von Winternitz, catholique divorcée et mère de deux enfants, qu'il a pu enfin, dans le respect des conventions religieuses, épouser en janvier 1920; ses nouvelles, comme *La Peur* en 1920, *Amok* en 1922, *La Confusion des sentiments* en 1927, se vendent à des centaines de milliers d'exemplaires.

Plusieurs de ses amis le poussent à prendre parti contre les nazis, à les pourfendre dans une opposition active. De Paris, son compatriote et confrère Joseph Roth le harcèle. Il lui exprime sa détresse au spectacle de la « folie » déclenchée en Allemagne, en lui reprochant sa « nature hésitante », le reniement de ses luttes antérieures contre la « barbarie ». Néanmoins, Zweig se maintient publiquement dans le silence. Il voit jusque-là dans le pouvoir nazi, comme beaucoup, un phénomène transitoire. Mais, en quelques semaines, le programme du Parti national-socialiste entre dans les faits : offensives contre les auteurs « judéo-bolcheviks », contrôle sur les maisons d'édition et la presse, autodafés des livres « non allemands ». Par dizaines, écrivains et artistes émigrent. En juin 1933, Zweig, tourmenté, se décide, par besoin de « tranquillité », à fuir cet environnement de « haine ». Il ne sait pas encore s'il s'exilera définitivement. Dans l'indécision, il part pour Londres. Il y passe près d'un semestre. Bien qu'après ses biographies de Joseph Fouché en 1929 et de Marie-Antoinette en 1932 il ait allégué en avoir assez du genre, il en a mis une autre sur le chantier, consacrée à Érasme. Son travail achevé, retour à Salzbourg. Il n'y est pas depuis six semaines qu'une grève générale éclate en Autriche, suivie d'une répression de l'armée contre les manifestants. Sa maison est perquisitionnée par la police, comme s'il était l'un des meneurs clandestins d'un complot. Devant cet assaut de « brutalité », il entrevoit l'approche d'un conflit mondial. Plus possible de rester en Autriche, annonce-t-il à Romain Rolland le 14 février 1934 : « Il faut commencer une autre vie et se retirer en soi-même pour aider les autres. »

En dépit de la part d'égoïsme dans ces aspirations, il ne prétend fuir que pour mieux servir. Il ambitionne de rester fidèle à l'idéal humaniste qu'il s'est forgé sur ses expériences de la Première Guerre mondiale, dans son choix du « pacifisme ». Il est partisan d'une conciliation réciproque entre les peuples, excluant toute violence, sur le principe de la paix comme bien suprême. C'est sur cette voie qu'il s'affirme décidé à continuer son œuvre. Ainsi en va-t-il de *Triomphe et tragique d'Érasme de Rotterdam*. Ce livre lui a été dicté par l'idée d'une analogie entre l'Europe des années 1930 et celle des guerres de Religion, au XVIe siècle. Érasme, ayant pris une position mitoyenne entre le protestantisme et le catholicisme, lui semble un exemple édifiant contre tous les fanatismes. Autoportrait déguisé ? Il reconnaît, effectivement, projeter l'humanisme dont il se réclame sur un personnage d'une autre époque. Du reste, il absout Érasme des défauts que beaucoup de ses confrères émigrés lui imputent à lui-même. Il balaie toutes les accusations de « caractère indécis », de « tiédeur », pour dresser l'éloge d'un « conciliateur ». Dans l'illusion que la guerre peut encore être empêchée, il propose un héros modèle contre la barbarie.

Au demeurant, qu'en est-il de son activité, au-delà de cet « humanisme » de littérature ? Appartement confortable à Londres, existence en retrait. Aucun article pour les journaux britanniques. Quant aux émigrés autrichiens, il les fréquente d'autant moins qu'en Grande-Bretagne, à la différence de la France, ils sont peu organisés. Pour reprendre les termes de sa lettre à Romain Rolland, il s'est lancé dans « une autre vie ». Maintenant, il a même une compagne différente, son ancienne secrétaire, Lotte Altmann, qu'il va épouser en septembre 1939.

Son isolement vise avant tout, pour lui, à se replier sur son œuvre, à opérer son propre salut par « l'opium du travail ». Il termine alors, en avril 1936, *Castellion contre Calvin*. Bréviaire de morale politique plus que biographie supplémentaire : tout en s'appliquant à éviter les anachronismes, il transpose le IIIe Reich au XVIe siècle. Dans sa description, la cité de Genève symbolise une dictature type. Toutes proportions gardées, Calvin le fanatique, prophète d'une seule et unique vérité, est montré comme un double tempéré de Hitler. Affichant toujours son ancrage sur l'espoir d'efficacité de l'humanisme, il oppose à Calvin le portrait d'un « pauvre diable de savant » qui n'accepte pas de se soumettre : le Français Sébastien Castellion, un étranger sans droits civiques. Malgré son impuissance, Castellion s'engage de toute sa ferveur contre l'intolérance. Sa mort soudaine le sauve d'un procès qui l'aurait condamné à la prison, à l'exil ou au bûcher.

Dans leur majorité, les antagonismes sociaux, s'obstine à conjecturer Zweig, sont appelés à s'atténuer grâce à la propagation des idées humanistes. Pénétré d'un optimisme historique, il est convaincu qu'il ne faut pas écrire de livres déprimants, mais des livres incitant au courage, à la joie de vivre. Les peuples, à force d'instruction, pense-t-il, se rendront compte que la clé de tout progrès réside dans le travail intellectuel. Réduire celui-ci à néant ouvrirait une ère de régression. Il veut absolument continuer de croire que l'humanité, à travers des hauts et des bas, est incessamment déterminée par « un désir d'unité supérieure ». Telle est précisément, selon lui, la ligne de force qui a produit, en deux millénaires, la « culture européenne ».

De décembre 1938 à mars 1939, il donne durant trois mois, accompagné de Lotte, un cycle de conférences aux États-Unis. L'une d'elles, « Pour une manière d'écrire demain l'histoire », porte sur la pérennité de cette foi. Il encourage à mobiliser la Raison, les Lumières, contre « l'uniformisation des esprits ». Mais il s'avoue également conscient que cette Raison est faible en face des mégaphones qui rugissent des slogans de propagande par le monde. Il place en conséquence tous ses espoirs dans la génération à venir. Il attend d'elle qu'elle développe une « autre conception de l'histoire », un enseignement privilégiant les avancées de l'humanité, non les guerres entre les peuples.

Sa volonté d'optimisme n'empêche donc pas les humeurs noires de monter en lui. Jusqu'à ce qu'elles finissent par l'envahir peu à peu. Beaucoup d'Autrichiens sollicitent son aide pour sortir de leurs calvaires et, comme il le signale à un ami le 5 août 1939, il en ressent une « torture infernale » qui lui « ronge l'âme à la manière du vitriol ». Le 8 août 1939, il informe sa traductrice italienne, Lavinia Mazzucchetti, qu'il a le projet de quitter l'Angleterre pour une solitude plus profonde :

« Aujourd'hui, rencontrer des gens, c'est entendre leur désespoir. Voir des amis, c'est devoir consoler des bannis. » Avec l'annexion de l'Autriche par l'Allemagne nazie et la mainmise de celle-ci sur la Tchécoslovaquie, il imagine que bientôt toute l'Europe sera sous la férule de Hitler. À ses yeux, le pire est la guerre. Où se réfugier pour y échapper ? La terre promise d'élection qui l'incite au rêve n'est pas la Palestine, car il est hostile au nationalisme juif comme à tous les nationalismes, mais le Brésil, qu'il a découvert par un voyage en Amérique du Sud au mois d'août 1936. Une dizaine de jours « inoubliables ». En comparaison de l'Europe ravagée, un « paradis ».

Invité pour une série de conférences en Amérique du Sud, il prend le bateau en juillet 1940 avec Lotte, en passant par les États-Unis. Le 9 juillet 1940, il confie dans une lettre envoyée de New York à son éditeur brésilien : « J'ai une sorte de nostalgie de voir votre admirable pays qui a la chance d'être loin de la guerre et de nos terribles crises. » Le couple débarque à Rio de Janeiro le 21 août. Dans son enthousiasme, Zweig a décidé de consacrer un livre au Brésil, qui lui apparaît comme l'antithèse parfaite de l'Allemagne nazie, démontrant par son existence l'absurdité de toute distinction raciale. Après des allées et venues entre New York et le Brésil, les Zweig finiront par emménager le 17 septembre 1941 à Petrópolis, dans un bungalow loué à une Américaine. Là, entouré d'un « calme merveilleux », « coupé du monde », l'écrivain libéré de la « politique » souhaite parvenir, comme il l'écrit à sa première épouse Friderike, à « oublier l'Europe », à trouver le réconfort au « plus près de soi-même et au cœur de la nature ».

Au milieu de 1940, avec les bombes allemandes sur l'Angleterre et la capitulation de la France, il a basculé de son optimisme de principe vers un pessimisme critique. Si l'on fait abstraction de

Brésil, terre d'avenir, ce pessimisme imprègne ensuite tout ce qu'il écrit, jusqu'à le pousser à dénigrer son humanisme en le réduisant à des illusions idéalistes. Le récit de ses souvenirs qu'il entreprend à Londres en mai 1940, par « désespoir », et qu'il termine à Petrópolis, publié en 1942 après sa mort sous le titre *Le Monde d'hier*, voue la vieille civilisation européenne à un engloutissement irrémédiable. « De toute ma vie je n'ai éprouvé plus cruellement l'impuissance humaine face aux événements mondiaux », écrit-il à la fin du *Monde d'hier*, lorsqu'il se rappelle le moment où il comprit que le pacte de Munich signé avec Hitler par Chamberlain et Daladier n'avait servi à rien, et que la guerre était imminente. Il a l'impression d'être victime d'un « jeu infernal », d'une fatalité qui endigue son humanisme, d'un « ostracisme » qui le rend « plus inutile et plus seul que jamais ». La même tonalité commande sa nouvelle *Le Joueur d'échecs*, terminée en 1942, et publication posthume également. À travers la défaite d'un intellectuel expérimenté, lourdement éprouvé par l'Histoire et d'une grande générosité humaine, devant un jeune « barbare » n'obéissant qu'à une mécanique sans âme, il critique indirectement l'univers idéal et abstrait dans lequel il a lui-même vécu : celui des livres. L'humanisme purement intellectuel et la supériorité seulement morale sont insuffisants pour obtenir la victoire.

Mais Zweig est incapable d'aller au-delà d'un constat d'échec. Il se limite à des constructions esthétiques et se sent comme obligé de se résigner à sa faiblesse. Lâcheté dont il a honte et se culpabilise. À l'idée que son soixantième anniversaire pourrait être célébré au Brésil publiquement, il s'adresse affolé, en octobre 1941, à son éditeur brésilien : « Je viens de lire avec horreur tout ce qu'on fait aux Juifs en Allemagne et l'idée de ce qui se passe en Europe est inconcevable. Jamais je n'ai senti plus de résistance intérieure d'être fêté ici, moi, qui suis échappé à ce qu'attend encore l'Angleterre et les autres pays. » À partir d'avril 1941, toutes ses lettres suintent de désespoir. Il raconte que seul le travail lui permet « à peu près de tenir », qu'il est entravé dans sa « capacité d'agir, à tout point de vue ». Il se dit persuadé d'avoir perdu à jamais ordre et stabilité. « Tous autant que nous sommes, nous ne savons plus en considération de quel but, à vrai dire, nous continuons de vivre », indique-t-il le 5 juin 1941 à un vieil ami, le poète Paul Zech, réfugié en Argentine.

Les circonstances qui auraient prédisposé Zweig et sa femme à se suicider à Petrópolis le 22 février 1942 ont été souvent évoquées. Le couple assiste au carnaval de Rio le 15 février, le jour de Mardi gras, quand survient la nouvelle de la prise de Singapour par les Japonais. La flotte anglaise a été détruite. Le général Percival a abdiqué. Zweig réagit brutalement. Il décide de rentrer sur-le-champ à Petrópolis. Peu après, il entend à la radio que les forces italo-allemandes menacent de prendre le contrôle du canal de Suez. Que le Brésil entre en guerre à son tour, après avoir rompu ses relations diplomatiques avec les puissances de l'Axe le 28 janvier, lui paraît inévitable. Plus aucune échappatoire, nulle part, aux forces irrationnelles d'un conflit devenu véritablement mondial.

Apparemment, toutefois, ce suicide ne résulte pas d'un extrême coup de cafard. Même si le projet en est favorisé par l'effet des événements sur un état dépressif persistant, la décision de Zweig, prise avec Lotte, repose sur une préparation mûrie. Seule la paix qu'il se choisit délibérément lui semble capable de préserver ses rêves, face aux « abîmes » où il voit sombrer tout l'univers. Cette fuite annonce la dissolution, enfin, des contradictions dans lesquelles il avait conscience d'être enfermé. Contre la guerre, en voie de le rattraper aussi loin qu'il est, le « paradis » brésilien ne lui semble plus qu'un rempart éphémère.

Bien qu'il ne doutât pas, au fond de lui, de la victoire des Alliés, il craignait qu'elle ne prenne beaucoup de temps. Pas le cœur d'attendre plusieurs « années d'horreurs ». Au lendemain de l'invasion de la Pologne, il notait déjà dans son journal, le 13 septembre 1939 : « Je suis las de penser à l'avenir. » Soucieux de trouver surtout, à l'écart, sa « tranquillité pour travailler », jamais il n'avait été, même dans l'énergie de sa maturité, un combattant dynamique des avant-postes contre « les folies de la politique ». L'aurait-il maintenant voulu, il ne se sentait plus en mesure de l'être. Encore faut-il « pour convaincre », comme il l'écrit à Friderike le 18 février 1942, être soi-même « convaincu ».

3
Admirations et amitiés

Une lecture vitaliste de Rimbaud

Par *Rémy Colombat*

EN 1907 PARAÎT À LEIPZIG LA PREMIÈRE ÉDITION ALLEMANDE d'œuvres choisies de Rimbaud, accompagnées d'une biographie inspirée de Paterne Berrichon. Le traducteur en est K. L. Ammer (l'officier de l'armée « impériale et royale » Karl Klammer), le préfacier Stefan Zweig : c'est apparemment l'association de deux grands médiateurs. Klammer, à cette époque où la traduction poétique jouit d'une faveur exceptionnelle, a beaucoup fait pour la diffusion de la poésie française. Outre de multiples traductions éparses, on lui doit trois recueils : *Rimbaud* (réédité en 1921), *Maeterlinck* (1906) et *Villon* (1907), celui-là même que Brecht subtilisera pour *L'Opéra de quat'sous*. Son *Rimbaud* fut d'abord unanimement loué pour ses vertus poétiques, au point qu'on y vit parfois l'amorce d'une ère nouvelle de la poésie allemande. Il est apparu depuis que les bonheurs d'expression masquaient de profondes ignorances et trahissaient une prédilection pour les tonalités harmonieuses de la convention lyrique.

Stefan Zweig, que ses travaux portaient plutôt vers Baudelaire, Verlaine et Verhaeren, s'était essayé, quant à lui, à traduire *Sensation*, paru en 1904 dans une anthologie de la Bibliothèque universelle Reclam, et qui reste, selon sa préface, « le plus beau poème allemand de la langue française ». Mais le Rimbaud qu'il présente au public allemand ressemble peu à celui de Klammer : alors que le traducteur atténue, « poétise », et souvent même neutralise, le préfacier exalte, par tous les artifices d'un style pathétique et redondant, l'apparition scandaleuse et révolutionnaire du « poète maudit ». De plus, tout en offrant à l'admiration des émules le modèle du poète nouveau, il esquisse à propos de Rimbaud les éléments d'une poétique nouvelle qu'il développera dans son étude sur Verhaeren et dont s'empareront les manifestes expressionnistes.

L'introduction à Rimbaud est ainsi un exemple étonnant du génie particulier de Stefan Zweig : à un sens très journalistique de la mode et du sensationnel, il ajoute une compréhension subtile des phénomènes littéraires, l'assimilation parfaite des tendances, et le pressentiment lucide des nouveautés nécessaires. Il donne de l'esprit aux préjugés, il cristallise l'air du temps, mais analyse et formule avec une prescience remarquable les conditions de la rupture et de l'innovation.

Le portrait de Rimbaud exploite l'image alors en vigueur : les thèmes des commentateurs illustres, Verlaine et Mallarmé, s'y retrouvent sous l'habillage d'un style calqué sur les débordements et les fièvres qu'on prête au « poète maudit ». C'est par le raccourci d'un « destin significatif », comme disait Mallarmé, que s'ouvre l'évocation. Le « cas personnel » du poète qui abandonne l'Europe et la littérature pour « vivre sauvagement » se résume dans l'image elle aussi mallarméenne du « météore », que Stefan Zweig enrichit d'une composante germanique : « (il) fait irruption, […], météore solitaire, dans la civilisation, tel Kaspar Hauser qui ne sait plus d'où il vient, n'appartient et ne veut plus appartenir à personne ». Quant à l'exemple de Faust, emprunté à Verlaine, il donne une caution mythique à la primauté de l'action et de la vie sur la parole et sur l'« art » ; c'est le sens de la conclusion de Zweig, en forme de péroraison : «... à l'instar de Faust à l'heure décisive, il raya courageusement la formule du *commencement était le Verbe*, pour inscrire dans le livre de la Vie, d'un trait inflexible et d'une couleur ineffaçable : *Au commencement était l'Action* ».

On reconnaît ici l'emprise du vitalisme issu de Nietzsche et de Bergson, qui se répand au début du siècle et dont la vulgarisation alimentera le culte expressionniste de la vie. Rimbaud trouve sa place dans ce courant d'enthousiasme aux côtés de Whitman et Nietzsche : Stefan Zweig les rapproche et dévoile au public allemand d'un siècle sur le déclin la dimension universelle de cet élan nouveau de la poésie et de la vie.

Tout l'essai de Zweig se nourrit en effet de ce thème de l'énergie vitale, et de son corollaire : l'affirmation sans limite de la liberté subjective. Amalgamant avec virtuosité la relation biographique, l'analyse littéraire, la réflexion poétologique et la *Kulturkritik*, Stefan Zweig enchaîne les variations sur cette même grande idée, qu'il illustre par une multitude de formules brillantes. Les quelques jugements qu'il porte sur des poèmes particuliers sont marqués par cette perspective. Pour la *Saison d'enfer (sic)*, abondamment citée, rien d'étonnant ; pour *Le Bateau ivre* non plus, dont Zweig donne une paraphrase délirante. Mais *Les Effarés* sont eux aussi contaminés, « ces vers sauvages libérés des chaînes de toute esthétique » (!), mis sur le même plan que d'« autres poèmes convulsifs » qui manifestent le dégoût de « toute poésie existante ». Même les *Illuminations* sont perçues comme une prose « impétueuse » et « sauvage ».

Bien que très sensible à l'innovation linguistique, Stefan Zweig n'est donc pas frappé par la précision rigoureuse de Rimbaud. Bien au contraire, ce qu'il retient, c'est la débâcle de la forme, triomphe d'une énergie incoercible qui fait exploser les catégories esthétiques, tout comme les « cataractes de vers » de Whitman et les « extases dionysiaques » de Nietzsche. Cette lecture vitaliste, si nettement opposée à la lecture lyrique du traducteur Karl Klammer, constitue l'apport de Stefan Zweig à l'interprétation de Rimbaud : elle donne au « démon adolescent » de Mallarmé la stature d'un grand initiateur, elle fournit les arguments de son intégration dans ce vaste courant de rénovation poétique dont l'expressionnisme sera l'aboutissement.

L'évocation de la révolte subjective intègre habilement les données biographiques et psychologiques à une véritable caractérisation existentielle. Le trop-plein d'émotion et de vie s'y présente comme le moteur d'une violence totale qui implique la marginalité (« phénomène social à l'instar des Tziganes »), le refus scandaleux de l'existence bourgeoise (« Il ne connaissait aucun frein. Rien ne lui liait les mains, rien pour lui n'était sacré »), mais aussi la puissance créatrice de la liberté absolue : « héros de la liberté intérieure », « desperado de l'instinct », Rimbaud écrit dans de mystérieuses « fièvres brûlantes » le poème du *Bateau ivre*, « victoire des sens déchaînés ».

L'histoire de la réception de Rimbaud est, certes, riche en exaltations de ce genre. Cependant, par la pertinence de son style, le médiateur Stefan Zweig fournit les clés de l'imitation : il y aura d'évidentes parentés stylistiques et thématiques entre sa description du mage destructeur et les conceptions du poète que développeront les écrits programmatiques et parapoétiques de l'expressionnisme. « Ô… il faut cultiver ses fièvres », dit Ferdinand Hardekopf dans *La Mort et Stefan Wronski*. Le *Jeune poète* de Rudolf Kurtz (1913) semble une copie du Rimbaud de Zweig : il obéit à la seule nécessité de « projeter les hautes tensions de son âme au beau milieu de l'humanité – sans se soucier des squelettes vermoulus qui vacillent et qui craquent ». Quant à Klabund, il résume ainsi le propos de l'expressionnisme : « Fais sortir ton âme de toi-même, projette-là dans le vaste monde et jusqu'en haut des cieux : c'est à cette condition que tu seras totalement vrai. » Tous deux reprennent le même verbe, *schleudern* (lancer, projeter), que Stefan Zweig utilise pour caractériser l'expression rimbaldienne.

Cette subjectivité démesurément libre que Zweig identifie chez Rimbaud sera une revendication première de l'expressionnisme. « Nous cherchons [...] le geste enthousiaste extrême, la conscience dominatrice souveraine, au-delà du registre ridicule de l'esthétique bourgeoise », dit Hardekopf. Et Paul Hatvani déclare : « Dans l'expressionnisme, le Moi submerge le monde » (*Essai sur l'expressionnisme*, 1917). Ce déferlement du Moi, Stefan Zweig trouve les mots pour le décrire, à propos de Rimbaud, et le débat théorique en sera durablement marqué.

En termes de *Kulturkritik*, la vitalité rimbaldienne apparaît à cet intellectuel de la monarchie danubienne comme l'irruption de la force barbare au beau milieu des raffinements stériles de la décadence : « Dans cette liberté aveugle de l'instinct, sa poésie grandit de manière singulière, non européenne, non conventionnelle, primitive et grandiose, germanique et barbare, elle fait irruption dans la haute civilisation gauloise comme firent à Rome et Byzance, au temps des grandes migrations, les rudes peuples nomades venus du Nord. »

Cependant, à qui serait tenté de croire que Stefan Zweig parle en apôtre de l'idéologie nationale et, pour reprendre une formule d'Étiemble, en « ravisseur teuton », il faut rappeler qu'il n'est ici qu'un adepte sans originalité des idées de son temps. L'opposition entre « latinité » et « germanité » est en effet un thème vivace de l'explication littéraire : Marcel Raymond a rappelé que Mme de Staël avait esquissé la distinction théorique entre « poésie du Nord » et « poésie du Midi », que le romantisme « nordique » s'était installé aux antipodes du classicisme « latin », et que Maurras réactivera, à la fin du XIXe siècle, le dogme classique de la perfection formelle. Les termes de cette analyse apparaissent dans nombre de jugements. Oskar Maurus Fontana explique la raideur formelle de l'expressionniste Georg Heym par « l'attrait irrépressible de la latinité » ; Félix Bertaux, dont le *Panorama de la littérature allemande contemporaine* (1927) condamne l'expressionnisme, reconnaît implicitement à Arthur Rimbaud une sorte d'expressionnisme heureusement tempéré de raison latine : « ... en se livrant au démoniaque, celui-ci avait dans le sang une goutte de classicisme. Les révolutionnaires français des lettres ont gardé vive une curiosité intellectuelle et esthétique. Détruire, c'était pour eux trouver en même temps que l'idée, l'expression nouvelle qui tuerait expression et idée ancienne. Du même mouvement qui écrasait, ils sculptaient, et ce mouvement était encore celui de la raison partie à la recherche exaspérée d'un ordre ». L'idée mallarméenne de l'« adieu total à l'Europe », que Zweig reprend plusieurs fois, s'inscrit aussi dans ce débat, et survit encore, avec des réminiscences de Zweig, dans l'édition bilingue de Walther Küchler en 1946 : « Son œuvre, jaillie des tréfonds de l'âme avec une puissance élémentaire, se déverse soudain comme un torrent, avec une force impétueuse, dans le paysage sans relief de la culture humaine. »

On pourrait s'étonner de trouver, sous la plume de Stefan Zweig, des images que l'histoire rend suspectes. Mais quand on pense à son humanisme profond, on se rend compte à quel point le jeu littéraire, avec son goût des formules et des idées en vogue, pouvait encore naïvement ignorer les pièges de l'idéologie.

La conséquence poétologique la plus immédiate de la lecture vitaliste de Rimbaud est de ranimer la grande obsession romantique du langage originel, et c'est Stefan Zweig lui-même qui déroulera ce fil conducteur jusqu'à l'expressionnisme. Le point de départ est la constatation d'une impressionnante nouveauté : « Ses poèmes sont sans exemple : il commence à écrire des vers comme s'il était le premier, comme si l'esthétique édifiée par des milliers d'autres avant lui s'était écroulée tel un château de cartes. » La seconde phase de l'argumentation envisage la révolte comme une aspiration à la fois destructrice et fondamentale vers le préculturel : « Intérieurement affranchi de toute culture, il se rapproche des balbutiements originels, religieux en un sens plus profond, rhapsodie et prédicateur. »

Ces idées, Zweig les généralise dans la monographie sur Verhaeren qu'il publie en 1910 : « Le poème originel, celui qui vit le jour bien avant l'écriture et l'imprimerie, n'était rien qu'un cri modulé, à peine devenu langage, arraché au plaisir ou à la douleur, à l'affliction ou au découragement, au souvenir ou à l'incantation, mais toujours à un surcroît d'émotion. Il était pathétique parce que né de la passion, pathétique parce qu'il voulait engendrer la passion. » Ces quelques phrases sont extraites du chapitre intitulé « Le nouveau pathos » qui parut sous forme abrégée dans *Das literarische Echo* dès septembre 1909 : c'est ce texte même qui servit d'éditorial au premier numéro de la revue *Das neue Pathos* (1913) dans la mouvance du *Nouveau Club* de Kurt Hiller et du *Cabaret néopathétique* imaginé par Erwin Lœwenson. Le « nouveau pathos » souffrira lui aussi de la dualité profonde de l'expressionnisme, partagé entre « vitalisme » et « spiritualisme ». Mais ce problème ne se pose pas pour Stefan Zweig : conscient des faiblesses du « pathos » de Verhaeren, il encourage celui de l'expressionnisme naissant, avant de se détourner des membres du *Nouveau Club* dont la « nature tapageuse » le rebute.

Mais, de Rimbaud à Verhaeren, la continuité de sa réflexion repose bien sur l'idée vitaliste de l'expression non médiatisée de l'âme. C'est l'« énergie » qui est le principe créateur : « La force jaillit de lui comme une malédiction », « un impérieux besoin d'action sourd dans son corps, les fièvres consument son âme ». La poésie devient action, le thème faustien réapparaît dans la définition du « nouveau pathos ». « La volonté du nouveau pathos ne doit pas tendre à la vibration de l'âme, au bien-être esthétique raffiné, mais à l'action. » D'où le caractère fulgurant et brutal de la création : « Le symbole doit être saisi par l'éclair, par l'intuition, et non distillé à la flamme douce du foyer », ce qui éclate alors, c'est la vie restituée dans son intensité première : « La puissance verbale de Rimbaud devient peu à peu phénoménale, les mots s'enflent sous sa main, la gélatine grise des concepts s'abreuve de sang tel un vampire et la voici maintenant chatoyante, éclatante de couleurs dans une lumière jamais vue. »

Stefan Zweig ressuscite donc, à la lecture de Rimbaud, le rêve herdérien d'une poésie langage de l'âme et langue originelle de l'humanité. Techniquement, cette création n'est possible que par le refus de la médiation conceptuelle qu'il croit constater chez Rimbaud : « C'est de la poésie sans concept, un art du symbole sans auxiliaire rationnel : de l'instinct, de la magie... » « Cette libération, d'une impulsivité égale dans sa vie et dans sa poésie, de toutes les entraves conceptuelles », conjuguée à « la force hallucinatoire de sa vision, ou plutôt de son intuition », permet d'accéder à une expérience antérieure aux contradictions de la logique, aux catégories de l'entendement. Ainsi s'explique, pour Stefan Zweig, le sonnet des *Voyelles* : « Il absorbe toutes les sensations si profondément et avec tant de véhémence que leurs écheveaux bien ordonnés se déchirent, que leurs qualités se perdent : parfums, sonorités, couleurs, chocs, tout cela fusionne, se rejoint dans ces régions les plus profondes où il n'y a plus de savoir, mais seulement la sourde sensation d'un contact extérieur, une excitation de l'instinct. » Il opte ainsi logiquement pour une détermination vitaliste du phénomène des synesthésies : « La profondeur et la véhémence des facultés intuitives déterminent les associations harmoniques, elles-mêmes poétiquement altérées, des diverses impressions sensorielles, que Baudelaire avait obscurément pressenties dans son fameux sonnet *La nature est un temple*. » Stefan Zweig est trop subtil pour oublier la part de jeu que comporte le poème, et le sens de la référence baudelairienne, mais ce qu'il s'attache à transmettre, c'est la conviction qu'il existe un langage immédiat, manifestation éruptive d'une expérience libérée des réticences culturelles, en relation sans doute avec le « domaine obscur de l'inconscient ».

La vision romantique de l'unité première du sujet et du monde sous-tend cette interprétation du phénomène poétique. C'est peut-être là que se trouve la clé de la lecture de *Sensation*, « plus beau poème allemand de la langue française », dans cette intimité profonde du poète et de la nature d'où semble avoir disparu toute conscience réfléchissante. C'est aussi dans ce sens qu'il faut comprendre l'assimilation particulière du « symbole » à la « magie » : le symbole supprime toute distance entre le sujet et l'expérience du monde, cette acception singulière contredit la conception gœthéenne : à l'« enthousiasme » qui mène à la « Connaissance », Stefan Zweig oppose l'exemple rimbaldien du « paroxysme » unificateur. L'« extase » est la notion la plus couramment employée pour suggérer cet état : elle exprime, au plan théorique, la confusion originelle de la poésie et de l'existence ; Stefan Zweig l'applique à Rimbaud, la reprend dans son essai sur Verhaeren toujours en référence à Nietzsche et l'expressionnisme l'exploite abondamment, des gloses parapoétiques de Johannes R. Becher à l'explication anthropologique du mysticisme chez Martin Buber.

La conclusion de Zweig se lit comme une paraphrase de l'image mallarméenne du poète qui « s'opère, vivant, de la poésie ». Il en ressort, dans la logique de tout l'exposé, une vision péjorative de la « littérature », produit de convention culturelle, face aux exigences de la vie. De même qu'affleure, sous la dramatisation existentielle, la « problématique de Lord Chandos », la douloureuse insuffisance des « mots » : « La littérature, l'art, étaient trop faibles pour dire totalement l'inexprimable. Et donc, il les rejeta. » Non sans avoir prouvé, en quelques œuvres fulgurantes, la possibilité d'une poésie vouée à l'essentiel, résolument étrangère au confort émotionnel et à l'esthétique du « jeu ancien ».

La valorisation presque dithyrambique de cet aspect de Rimbaud assure implicitement, dans l'argumentation de Zweig, une sorte de relais entre l'universalisme romantique, l'idée d'un Moi exprimant la totalité, et la revendication expressionniste d'un art fondamental et nécessaire, hors des artifices de la communication convenue. « L'expressionnisme est la révolution qui mène à l'élémentaire », dira Paul Hatvani, formule vers laquelle semble déjà tendre toute cette explicitation de Rimbaud.

On constate ainsi qu'en proposant une lecture vitaliste du poète français, en actualisant à son propos le rêve romantique du langage originel, Stefan Zweig ouvre de toute évidence la vie à l'« annexion » expressionniste de Rimbaud. Même s'il n'en est pas le seul responsable, il procure les clés et les formules.

L'élaboration théorique des considérations de Stefan Zweig est modeste, la réflexion poétologique n'est pas son premier souci. D'autres s'en chargeront, Gottfried Benn notamment, qui entreprendra une spéculation complexe sur le statut de la poésie face au mystère du « préréflexif » et du « préculturel ». Les mérites de Stefan Zweig sont tout autres : ceux d'un médiateur, d'un initiateur, pourvoyeur d'idées et de formules. Son essai sur Rimbaud montre la complexité des références intellectuelles qui soutiennent son jugement, et c'est bien là ce qui fait l'intérêt de ses portraits littéraires : une conciliation virtuose de la mode et de l'essentiel, nourrie d'une connaissance profonde et discrète des choses de la littérature et de l'esprit.

Zweig et Rolland, trente ans d'une haute amitié

Par *Wolfgang Klein*

Aux dires de Stefan Zweig lui-même, dans *Le Monde d'hier*, c'est à une Russe, un sculpteur, que nous devons l'une des grandes amitiés de ce siècle. Comme elle l'obligeait à l'attendre des heures, dans son salon à Rome en 1910, Zweig, dans son ennui, prit un livre qui se trouvait sur la table. C'était un *Cahier de la Quinzaine*. Charles Péguy, alors et depuis 1904, y publiait le *Jean-Christophe* de Romain Rolland. Ce fut une découverte pour Zweig : il sentit que la pensée qui s'exprimait là était sienne, et en même temps plus haute que la sienne, claire et ferme.

Dans la première lettre à Romain Rolland qui ait été conservée, Stefan Zweig lui demande un rendez-vous afin de parler d'une édition allemande de *Jean-Christophe* et d'une invitation à Vienne. Un lien est établi : il va tenir trente ans. Jusqu'au départ de Zweig pour le Brésil en 1940. En tout, huit cents lettres échangées environ et durant cette période Zweig traduisit *Clerambault* et d'autres textes de Rolland et rédigea la biographie de celui qu'il nomma longtemps « cher Maître et ami », jusqu'à ce que Rolland lui écrivit un jour : « Ne m'appelez plus Maître... Tous, apprentis ! »

Ces huit cents lettres, très longues en général, évoquent toutes les grandes questions culturelles et politiques du temps. L'humanisme est ce qui donne à cet échange toute une dimension intellectuelle. Dès sa première réponse à Zweig, Rolland parle de leur volonté commune de « rétablir la synthèse harmonieuse de l'âme humaine ». D'un côté, Zweig demande pour les hommes « la beauté et la bonté ». De l'autre, Rolland proclame une « communauté humaine sans frontières et sans classes ». Humanisme élémentaire, en ce sens que, à la base de tous les jugements et de toutes les initiatives, on trouve une idée simple : c'est un droit pour les hommes, tous les hommes, de vivre dignement, dans des conditions matérielles qui puissent leur assurer le plein épanouissement de leurs capacités intellectuelles et morales.

Nos deux amis sont idéalistes. Ils le sont d'abord en demandant la réalisation pratique de leur humanisme à la société dans laquelle ils vivent, et qui connaît la misère, la ruine des sentiments humains. Ils le sont aussi par leur conviction que c'est par des idées qu'on peut changer le monde. « C'est toujours par le rêve que commence l'action », écrit Zweig à Rolland en janvier 1921. Plus encore, ils croient tous deux que l'idée, bien pensée, déploie une force incomparable et que, par conséquent, celui qui la profère – le philosophe, l'intellectuel, l'écrivain – accomplit une tâche capitale. Tel est le fondement, la force motrice de leur action commune. Une action qu'ils veulent à la fois littéraire et sociale. Aucun des deux ne peut consentir à limiter la littérature au domaine esthétique.

Révolutionnaires, donc ? Certes, mais pas à la manière de révolutionnaires classiques. Ils souhaitent le bien moral et matériel des hommes, par une transformation complète de l'ordre social. Toutefois, pas de fusils dans leurs mains : une distance affichée à l'égard des partis, à peine des mots politiques dans leur bouche.

L'un médite sur Beethoven près d'un lac suisse, et l'autre collectionne des autographes ! Et, pourtant, ce qui passe dans leurs lettres, c'est le mécontentement profond à l'égard de leur époque, le refus de tout conservatisme et la recherche de voies qui permettraient à leur utopie humaniste de pénétrer la réalité sociale.

Un comportement de ce genre implique de se sentir parfois, temporairement au moins, isolé. « C'est un honneur, en ces jours-ci, de ne pas être tout à fait d'accord avec la masse », écrit Zweig à Rolland en novembre 1914. Ce qu'il faut : assurer « l'indépendance de l'esprit » (ce sont les termes de la célèbre déclaration rédigée en 1919 par Rolland et que signent de nombreux intellectuels, dont Zweig). Il faut trouver une autre manière d'agir, avec l'espoir de constituer un jour l'exemple qui secouera le plus de monde possible. L'amitié ne répond pas seulement à un besoin individuel, ne concerne pas simplement la vie privée : les réactions de tous deux face à la guerre 14-18 le montrent, cette amitié reçoit une valeur plus haute, elle incarne la communauté future des hommes.

Dès 1914, néanmoins, des discordances se manifestent entre eux. Dans son premier article important à l'époque de la Première Guerre, Zweig demande aux « amis à l'étranger » de se taire, afin de préserver une amitié entre les peuples qui, dit-il, sera précieuse après l'orage. Zweig témoigne de courage en se servant du mot « amis » pour des Français et des Anglais en septembre 1914 ! Mais ce qu'il préconise, c'est un peu une action à la variante zéro. Rolland lui répond : « Je ne dis adieu à aucun de nos amis. » Et il agit publiquement. À la Croix-Rouge, en Suisse, et par des prises de position, dont le fameux *Au-dessus de la mêlée*.

Ces différences les opposent encore ultérieurement. Chez Zweig, une défensive dans le silence. Chez Rolland, des interventions publiques. La correspondance de 1933, par exemple, montre les efforts déployés vainement par Rolland pour amener Zweig à prendre position publiquement contre le fascisme en Allemagne. À l'époque, Zweig refuse de collaborer à la revue antinazie *Die Sammlung* que publie Klaus Mann à Amsterdam, il la trouve trop « politique ». Rolland, au contraire, envoie un message de solidarité à Klaus Mann – ce qui entraîne la suspension de l'édition allemande de *L'Âme enchantée*. Si grandes deviennent les divergences que Rolland note dans son Journal que Zweig lui semble en train de « passer dans l'autre camp ». Cela n'a pas été le cas. Mais c'est dire combien leurs chemins politiques étaient loin de se ressembler.

L'exemple de leur attitude à l'égard de l'URSS est également suggestif. Durant toutes les années 30, Rolland soutient l'URSS, qu'il considère comme une force importante dans la lutte contre le fascisme et comme une « forme de réalisation pratique » (la seule qui existe actuellement, écrit-il à Jean-Richard Bloch) d'un avenir meilleur de l'humanité. Zweig, sur cette question comme sur la précédente, garde publiquement le silence ou presque (encore qu'il participe, en 1937, à l'envoi des messages de sympathie pour le vingtième anniversaire de la révolution d'Octobre).

Dans leur correspondance, les discussions sur l'URSS sont, en revanche, des plus passionnantes et des plus passionnées. Depuis la lettre écrite par Zweig en 1928, lors de son unique voyage en URSS (lettre en allemand, ce qui prouve l'importance qu'il lui attribuait) : « La chose a un double visage... Le peuple a gagné prodigieusement... Ceux qui perdent sont justement ceux qui nous sont les plus proches, ceux de l'esprit, de la liberté, les indépendants. » Jusqu'aux tentatives de Rolland pour gagner l'ami, tout en taisant les doutes qu'il éprouvait lui aussi. Et jusqu'à cette autre lettre de Zweig en 1938 : « Ne parlons pas de la Russie. » Comme si Zweig, de même qu'en 1914, préférait le silence.

À travers cette correspondance se profilent des points de vue qui contrastent avec l'image qui domine aujourd'hui des deux écrivains. D'un côté, Romain Rolland, sur le plan public le plus actif politiquement, garde l'impassibilité intérieure la plus absolue. Il agit dans la minute, mais il sait que l'Histoire est longue de milliers d'années depuis sa rencontre, comme jeune étudiant de l'École normale supérieure, avec Renan. Ce qui aide à dompter l'impatience : il est conscient que ce qui n'est pas donné à l'homme d'une époque n'est pas perdu tout de même pour toujours. Zweig, en revanche, paraît extérieurement l'être le plus calme qui soit, désengagé des luttes du jour, voué à son œuvre et à son succès : mais en réalité, il est profondément, existentiellement frappé par tout ce qui se fait autour de lui. Le bonheur, il le demande pour lui, et non pour un avenir lointain. Toute la misère du monde, il la ressent comme sienne. Ce fut lui, et pas Romain Rolland qui, finalement, n'eut plus la capacité de rester au bord du « gouffre, entre l'espoir et les désillusions ».

Freud, « l'incurable désillusionniste »

Par *Colette Soler*

ÊTRE VIENNOIS, AVOIR 20 ANS EN 1901, et s'apercevoir que Freud est Freud, comme ce fut le cas de Stefan Zweig, c'est déjà rare. Mais écrire sur Freud du vivant de Freud, et en recevoir de lui l'aval est autre chose. Dans une lettre en 1931, Freud a exprimé à Stefan Zweig, en effet, sa satisfaction devant son livre *La Guérison par l'esprit*.

Dans cette approche de Freud et de sa découverte, Stefan Zweig tâche de transmettre ce qu'il a su si remarquablement percevoir : son caractère unique, révolutionnaire et irréductible. En 1931, à Vienne, ce n'était point si évident, et Freud le savait, lui qui eut toujours à y compter ses amis, alors même qu'il était internationalement connu. On conçoit donc aisément qu'il ait été sensible à l'hommage rendu par quelqu'un qui était alors une gloire de la littérature. On sait en outre l'estime et l'amitié que Freud portait à Zweig, qu'il considérait – aux dires de Jones – comme l'un des trois plus grands, avec Thomas Mann et Arthur Schnitzler. Leurs échanges furent multiples et leur correspondance durable. Zweig servit souvent d'intermédiaire. En 1924, il introduisit Romain Rolland auprès de Freud et en 1937 il y accompagnera encore

Dali. En 1920, il avait écrit un article pour le soixante-dixième anniversaire de Freud, et c'est lui aussi qui en 1937 à Londres prononcera avec Jones une allocution aux obsèques de Freud.

Freud a donc lu son propre portrait. Il n'a rien à y redire, et pourtant il est bien sensible que son approbation n'est pas enthousiaste et qu'elle reste même assez mitigée. Du texte de Zweig, apparemment tout en éloges, Freud ne retient que la seule description de « (son) cas », non la présentation de la psychanalyse elle-même – il approuve certes, mais dans une formulation où perce une pointe de désagrément. « Le centre de votre conception », dit-il à Zweig, consiste à dire que « les résultats obtenus le furent moins grâce à l'intelligence qu'au caractère ». Cette lecture peut paraître subtile, voire susceptible, car nulle part bien sûr Stefan Zweig ne se livre à une telle arithmétique. Il est vrai cependant qu'il y a du Zweig dans ce Freud – nous dirons lequel – mais il fallait être Freud comme intéressé pour s'en apercevoir.

Pour le lecteur d'aujourd'hui, ce serait plutôt la remarquable exactitude de cet essai qui s'impose en premier lieu, notamment concernant la psychanalyse elle-même. Stefan Zweig n'a peut-être pas mesuré tout l'empan de la découverte freudienne, mais les traits qu'il en a saisis sont essentiels. C'est d'abord sa nouveauté radicale. Elle est si révolutionnaire à ses yeux, que l'après ne sera jamais plus comme l'avant. Stefan Zweig a compris que l'inconscient de Freud n'est pas l'inconscient de toujours, celui d'avant 1900. C'est un inconscient qui parle, et avec son langage. Freud déchiffre « signe après signe, puis il élabore un vocabulaire et une grammaire de la langue de l'inconscient ». Cette phrase n'est pas de Jacques Lacan, elle est de Stefan Zweig.

La thèse de l'inconscient-langage que nous avons dû réapprendre quelque vingt ans plus tard grâce au retour à Freud de Jacques Lacan, Zweig en 1931 ne l'avait pas encore oubliée. Il avait saisi que Freud n'est ni un littérateur, ni un philosophe, et qu'avec lui ce qui s'appelle l'inconscient n'est plus à la même place : « Le mot entre dans la science. » Mais que disent « ces voix qui vibrent » en un langage réglé ? Là encore, Stefan Zweig ne perd pas la corde que tant d'autres, comme Jung, ont lâchée. Ces voix disent les jouissances refusées, rêvées ou dérobées qui n'ont pas d'âge, car Zweig a aussi compris que la sexualité avec Freud ne se limite pas au lit, qu'il soit conjugal ou adultère, et qu'elle implique cette fameuse pulsion de mort où tant d'autres n'ont vu qu'une élucubration due à la bile pessimiste d'un homme vieillissant. Sans doute, Stefan Zweig n'a pas tout à fait saisi la fonction de prothèse de l'Œdipe, sans doute croit-il encore que c'est la « nature » qui préside à la reproduction de l'espèce humaine, mais il a remarquablement aperçu que Freud, c'est l'entrée des causes pulsionnelles dans une rationalité qui se rattache à la science.

Pourtant, ce qui l'intéresse vraiment dans ce livre, c'est le mystère Freud. Son premier chapitre campe le précurseur, l'homme seul face à son siècle, qui ne cède en rien, qui eut « le courage de savoir ce qu'il savait et le triple courage d'imposer ce savoir à la morale obtuse et lâchement résistante de l'époque ». Au-delà, on saisit que Zweig est captivé par quelque chose d'obscur, jamais nommé, qui fait l'être de Freud. Il nous décrit la vie rien moins qu'aventureuse de cet aventurier de l'esprit, sa « régularité grandiose », son « inexorable calendrier » de travail, son uniformité, voire sa banalité.

Mais ici, le « démoniaque » s'est habillé de discrétion, la sobriété cache le génie, la mesure couvre la démesure. C'est seulement sur le visage marqué par le temps que Stefan Zweig croit voir apparaître l'être caché. N'en retenons que les qualificatifs : obstiné, sévère, dur, offensif, inexorable, presque irrité, aigu, perçant, amer, impitoyable, soupçonneux, etc. Au total, un homme au « visage tyrannique », à « la dureté biblique » dont « les lèvres se ferment comme sur un non ». Certes, Freud n'est pas une brute pour Stefan Zweig, c'est un génie. S'il ressemble pourtant par quelque trait à la brute qu'est Czentovic dans *Le Joueur d'échecs,* c'est qu'ils ont en commun ce qui fascine Zweig : tous deux sont des êtres voués à une chose unique, indéfectiblement, sans influence et sans équivoque. Or, Stefan Zweig, lui, n'est l'homme ni d'une idée, ni d'une passion. C'est un être de réaction, ouvert à l'influence et à l'événement, donc aussi aux versatilités et aux contradictions. Il lui faut les rencontres, les conversations, qui ont une belle place dans son Journal, les stimulations de son entourage, pour affirmer son être propre. Homme de biographies, d'essais sur les grands, nourri comme son joueur d'échecs de toutes les parties déjà jouées, c'est un talent plastique et séduisant, qui rêve de son contraire. Freud incarne pour lui le génie, certes, mais surtout un os, l'énigme d'une certitude sur laquelle l'air du temps est sans prise, disons : soustraite à l'autre.

Telle est la touche subjective du Freud de Zweig. En 1931, il considérait qu'on ne pouvait déjà plus imaginer quelle bombe Freud avait été dans les années 1900, et notamment sa levée du voile sur le sexe. Aujourd'hui, il est vrai, ça ne fait plus ni chaud ni froid à personne. Ce qu'il n'aurait sans doute pas pu imaginer, lui, c'est combien elle s'est avérée digestible. Et là, on mesure que Zweig s'est trompé d'accent. Il a cru que l'inassimilable, c'était que l'inconscient parle sexe, sans voir que la subversion radicale, c'était qu'il parle, sans personne pour dire, laissant dès lors la raison divisée, et l'homme, auquel Zweig voulait croire, pas si assuré d'être entier. À cet égard, Stefan Zweig date. On le perçoit dès le vocabulaire. Il a de l'âme et de l'esprit plein la plume, là où il ne nous reste que l'individu, ou le sujet si on a lu Lacan.

Mais c'est aussi plus qu'un vocabulaire. Ce sont les convictions d'un humanisme qui a fait long feu, dont l'optimisme à bon compte nous surprend, et qui s'exprime en désuètes fleurs de rhétorique. Qui oserait écrire aujourd'hui, pour évoquer les perspectives ouvertes par la psychanalyse : « La tâche est magnifiquement tracée, la porte est ouverte. Et là où l'esprit humain flaire l'espace et les profondeurs inexplorées, il ne se repose plus, mais prend son essor et déploie ses inlassables ailes » ?

Que l'on ne croie pas pourtant que ces marques d'une époque ne soient pas aussi les marques d'un choix subjectif. Stefan Zweig voulait pouvoir espérer. On le voit, quand il s'agit pour lui de situer, à la fin de son essai, ce qui était alors le dernier texte de Freud, *Malaise dans la civilisation*. Il n'y a aucun doute, ce texte l'effraie. Freud ayant noté que « pour l'humanité comme pour l'individu, la vie est difficile à supporter », Stefan Zweig s'écrie : « Mot terrible et fatal » ! « Indéniablement, il y a dans la psychanalyse quelque chose qui sape le divin, quelque chose qui a goût de terre et de cendre ». C'est explicite, Stefan Zweig ne veut pas croire « l'incurable désillusionniste » qu'est Freud, car « l'âme est affamée de croyance ». Cette chute n'est pas sans surprendre à la fin d'un volume qui a exalté, dans un style d'admiration passionnée, l'inflexible désir de savoir de Freud.

Stefan Zweig l'avoue ici pathétiquement, il ne veut pas croire à ce qu'il perçoit pourtant vaguement, que la psychanalyse n'est pas un humanisme. Du coup, il lui reproche de n'être qu'« humaine » là où il veut espérer autre chose : du sens, dit-il. Mais l'espoir parfois conduit au suicide. Était-ce, pour Stefan Zweig en 1942, justement faute de supporter la vie sans le mirage d'un avenir ?

Verhaeren, une affection passionnée

Par *Fabrice Van De Kerckhove*

ZWEIG A 18 ANS ET VIENT DE SORTIR DE SON LYCÉE VIENNOIS lorsqu'il écrit à Émile Verhaeren, en octobre 1900, pour lui demander l'autorisation de publier la traduction de quelques poèmes extraits des *Apparus dans mes chemins*. Le jeune écrivain a déjà publié un nombre impressionnant de poèmes dans les meilleures revues littéraires allemandes. Issu d'une famille riche de la bourgeoisie juive assimilée, il n'est pas le seul à chercher dans le champ culturel l'accomplissement qui lui serait refusé ailleurs. L'étroitesse du milieu viennois lui pèse, et s'il s'identifie à une culture, c'est à la culture allemande des Lumières, foncièrement cosmopolite, nourrie de toutes les littératures européennes. Le « fanatisme des beaux-arts » qui a marqué sa jeunesse lui apparaît à présent comme une prison, mais, tout en parlant de choisir la vie contre l'art, il n'imagine pas, malgré la fortune familiale, conquérir son indépendance autrement que par la littérature. Or, ce qu'il découvre dans les œuvres de Verhaeren ou de Camille Lemonnier, c'est justement une littérature selon ses vœux, inséparable de la participation à la « vraie vie ».

Zweig a toujours présenté sa découverte de l'œuvre de Verhaeren comme un « hasard », une affaire strictement personnelle et « privée ». On sait cependant qu'à Vienne tous les intellectuels que la modernité requiert ont, depuis le début des années 1890, les yeux tournés vers la Belgique : on monte le théâtre de Maeterlinck, Hofmannsthal le traduit et s'en inspire. Zweig, encore lycéen, entend parler des expositions de la Sécession où triomphe l'art belge : Khnopff, Toorop, Minne, Van de Velde. Les écrivains belges vers lesquels il se tourne n'ont cependant jamais retenu l'attention de la modernité viennoise.

C'est contre Vienne, en quelque sorte, et pour échapper à ce qu'il ne cessera d'appeler l'esthétisme et le scepticisme viennois, que Zweig choisit de s'intéresser à Lemonnier, puis à Verhaeren. Il est plus proche en cela d'écrivains berlinois qui, comme Johannes Schlaf, se réclament du « panthéisme moniste » et, pour surmonter la décadence fin de siècle, cultivent comme une nouvelle religion le sentiment panique de la totalité. Cette inspiration moniste, vis-à-vis de laquelle la « modernité sceptique » qu'est la modernité viennoise prend rapidement ses distances, est un phénomène plus allemand qu'autrichien. De Mach à Hofmannsthal, de Schnitzler à Broch ou à Musil, les créateurs les plus originaux insisteront plutôt en Autriche sur l'indépassable fragmentation du monde moderne et son caractère disparate, sur la discontinuité historique (Hofmannsthal) et les dissociations de la personnalité (Hofmannsthal, Musil) – même s'ils n'ignorent pas la fascination de la totalité, de la plongée dans le grand courant cosmique.

Zweig restera toujours isolé à Vienne dans son engagement pour le poète belge et il ne cessera de se plaindre du médiocre accueil réservé par sa ville à l'écrivain. « L'atmosphère est trop ironique, trop critique, confiera-t-il un jour à Romain Rolland. Quand Verhaeren est venu parler, à Vienne, pas un des principaux poètes ne s'est dérangé pour venir l'entendre. (Tout autre a été son succès, à Berlin.) » Verhaeren intéressera surtout les écrivains allemands qui croient trouver dans le monisme la religiosité des temps nouveaux : Richard Dehmel et Johannes Schlaf ou encore Julius Bab et Paul Zech, l'un et l'autre disciples avoués de Dehmel, parmi les « Autrichiens », un Rilke, longtemps marqué par le vitalisme moniste du tournant du siècle. Au moment où il commence à s'intéresser à Verhaeren, Zweig rédige d'ailleurs un petit essai de philosophie moniste, qu'il ne se hasarde pas à publier, et se dit proche de Schlaf, auquel il consacre de nombreux comptes rendus et qu'il fréquente à Berlin au printemps 1902.

C'est à Johannes Schlaf, d'ailleurs, que Zweig fait appel pour rédiger la première monographie consacrée à l'œuvre de Verhaeren dans l'espace germanique. Ce bref essai fixe d'ailleurs les grandes lignes de ce qui sera sa propre interprétation de Verhaeren. Schlaf place la figure de Verhaeren sous le patronage de Zarathoustra : « Il faut porter en soi un chaos, pour pouvoir mettre au monde une étoile dansante. » Il réserve un sort particulier à un vers des *Flambeaux noirs* : « Je suis l'immensément perdu. » C'est l'infinité même de la crise, l'infini que la crise lui fait découvrir en lui qui ramène Verhaeren au fondement de l'être, au sentiment d'une communion cosmique avec l'univers, à une nouvelle « mystique qui rit ». Le poète a su restaurer l'unité de son moi, peut à présent chanter la réconciliation moniste du moi et du monde sans craindre de s'y dissoudre, et célébrer dans sa poésie la beauté cruelle du monde moderne.

La germanité de Verhaeren est soulignée chez Schlaf comme elle le sera chez Zweig. La « race belgo-flamande » apparaît comme la quatrième à laquelle il appartient d'incarner le destin de la modernité, après les Français, les Scandinaves et les Russes. Avec elle apparaît enfin le moment de la synthèse, où peut s'affirmer le Grand Européen, l'Européen accompli. « Ce qui fait l'intérêt et l'importance de ce phénomène, ajoute Schlaf, c'est qu'avec ces Flamands les Germains de la terre ferme commencent à régler leurs comptes avec la nouvelle crise de la modernité. »

En 1902, la Belgique est le but du premier voyage de Zweig. Il rencontre Verhaeren à Bruxelles et découvre un personnage simple et chaleureux, qui va le fasciner et pour lequel il éprouvera bientôt, selon les mots de Romain Rolland, une « affection passionnée ». Plus qu'un modèle littéraire, Verhaeren sera pour Zweig un modèle moral, précisément parce qu'il représente pour lui l'exemple même d'une parfaite adéquation de la littérature et de la vie. On sait que, profondément instable sous une façade brillante et séductrice, Zweig éprouvera toujours le besoin de s'attacher ainsi à de fortes personnalités : après le déclenchement de la guerre et la rupture avec Verhaeren, Romain Rolland reprendra ce rôle, qu'il partagera dans une certaine mesure avec sa compagne Friderike von Wintemitz.

Le jeune Autrichien décide, dès cette première rencontre, de composer une anthologie allemande de l'œuvre de Verhaeren, qui paraît en 1904. Le poète belge atteint alors la cinquantaine et commence à jouir d'une assez large notoriété. Il bénéficiera bientôt d'une double consécration. Les grands recueils vitalistes qu'il publie entre 1902 et 1906 – *Les Forces tumultueuses* et *La Multiple Splendeur* – font de lui le maître reconnu de tous ceux qui se réclament en France de modernité poétique : unanimistes, dynamistes, paroxystes, futuristes bientôt, mais aussi tenants d'une modernité classique réunis autour de *La NRF*. Verhaeren connaît aussi en Belgique un début de reconnaissance officielle puisqu'il devient de plus en plus l'emblème d'une « littérature nationale » que le nouveau souverain, Albert Ier, et son entourage entendent promouvoir pour conforter quelque peu l'insaisissable identité belge. Sa candidature est officiellement présentée à l'Académie suédoise pour l'obtention du prix Nobel. Zweig, qui semble persuadé que ce prix reviendra tôt ou tard à son poète d'élection, persuade Anton Kippenberg, dont la maison d'édition, Insel-Verlag, s'affirme comme l'une des plus puissantes d'Allemagne, de publier en 1909 sa traduction d'une tragédie de Verhaeren, encore inédite en français, *Hélène de Sparte*. Mieux, il réussit en 1910 un coup d'éclat : la publication, toujours à l'Insel-Verlag, d'un prestigieux « Verhaeren allemand » en trois volumes, qui vient confirmer la stature européenne acquise par l'œuvre de Verhaeren au moment où Bruxelles accueille une Exposition universelle. L'édition s'ouvre par une biographie intellectuelle du poète, tout imprégnée de nietzschéisme : les écrivains de la génération expressionniste y trouveront de quoi alimenter leur culte de la vie.

En mars 1912, Zweig organise pour Verhaeren une tournée de conférences à travers l'Allemagne et l'Autriche : elle suscite, on l'a dit, plus d'enthousiasme à Hambourg et à Berlin qu'à Vienne. Aussitôt après, Zweig fait paraître dans la nouvelle collection de l'Insel-Verlag, l'Insel-Bücherei, une petite anthologie de poche de la poésie vitaliste d'Émile Verhaeren, *Hymnen an das Leben* (« Hymnes à la vie »), au titre ouvertement nietzschéen, puisqu'il est emprunté à *Ecce homo*, comme nombre de formules de l'essai de 1910. Le recueil est d'emblée tiré à dix mille exemplaires et Zweig peut écrire à Verhaeren : « Je suis très fier maintenant, que j'étais le pont entre vous et l'Insel-Verlag et que nous trois avons réalisé quelque chose en Allemagne comme on n'a fait dans aucun pays. Votre œuvre se répandra maintenant en des milliers et des milliers d'exemplaires, le plus pauvre étudiant aura moyen d'avoir son Verhaeren dans sa mansarde. » Le recueil atteint les trente-cinq mille en 1914 : il fera l'objet d'un nouveau tirage pendant la guerre et dépassera les cinquante mille en 1932. En 1914, Kippenberg met en train l'édition des œuvres complètes de Verhaeren. Tous les traducteurs sont désignés, mais un seul volume paraîtra, en pleine guerre : la traduction des *Blés mouvants* par Paul Zech.

Ce qui frappe, c'est combien, tout au long des années qu'il dédie à Verhaeren, l'engagement affectif va de pair chez Zweig avec un précoce savoir-faire éditorial, une étonnante maîtrise de la stratégie littéraire. Il cherche à Verhaeren des répondants parmi les écrivains en vue ; tire systématiquement parti des relations qu'il se fait dans le monde de l'édition, de la critique et du théâtre ; dissémine dans un large éventail de revues et de quotidiens des échantillons de ses traductions ou des chapitres de son grand essai sur Verhaeren ; multiplie les conférences et les lectures publiques. En servant l'œuvre de Verhaeren, Zweig met systématiquement en place le réseau littéraire qui lui permettra d'asseoir sa propre position d'écrivain.

Verhaeren est le premier à bénéficier de ce réseau, qui vient considérablement étendre celui qu'il a pu lui-même se constituer en Allemagne. La correspondance qu'il entretient avec son traducteur autrichien renvoie à une vaste internationale intellectuelle qui, au-delà de la France et de l'Allemagne, s'étend aussi à la Suède et à l'Italie, à l'Espagne et à la Russie. Stefan George, le premier médiateur cité, a découvert le Verhaeren décadent de la « trilogie noire » en fréquentant les mardis de Mallarmé et il a fait paraître dès 1895 la traduction de deux poèmes extraits des *Soirs* dans une revue de Munich. Le poète belge ne cessera d'intéresser les « modernes » de la capitale bavaroise : la revue *Die Gesellschaft* consacre en 1901 un cahier spécial à Verhaeren (composé, il est vrai, par un nietzschéen de Graz, Rudolf Komadina, lié avec le Berlinois Jacobowski) ; le jeune Franz Hessel, qui pour Walter Benjamin sera le piéton de Berlin, se lance en 1904 dans une traduction des *Campagnes hallucinées*, des *Villes tentaculaires*, et d'*Aubes*, projet que reprendra, en se limitant au second recueil, le vétéran Ludwig Scharf, poète venu du naturalisme et ancien du cabaret des Onze bourreaux.

Lié avec Verhaeren pour avoir partagé ses combats au sein de l'avant-garde bruxelloise, l'architecte Henry Van de Velde, établi à Weimar, tente dès 1902 de faire monter son théâtre en Allemagne. Il prend alors contact avec l'historien d'art Fritz Wichert, qui entreprend de traduire *Le Cloître*, et attire l'attention d'Otto Brahm, le directeur du Deutsches Theater de Berlin. En publiant en 1904 sa première anthologie de la poésie de Verhaeren, Zweig attire l'attention de Hermann Hesse et de Franz Carl Ginzkey, et surtout celle de Johannes Schiaf et de Richard Dehmel, répondants appréciables dans le champ littéraire allemand. Il persuade Schiaf, qui a déjà présenté Maeterlinck et Whitman, de consacrer à Verhaeren la monographie qu'on a évoquée plus haut. Il engage Verhaeren à envoyer ses livres à Dehmel et celui-ci traduit deux poèmes de l'écrivain belge, deux poèmes d'inspiration sociale auxquels il assure une large diffusion dans la presse sociale-démocrate ou les anthologies ouvrières. Dehmel assiste également Zweig dans l'organisation de la tournée de conférences de Verhaeren, prévue dès 1907.

C'est Zweig également qui fait entrer dans le réseau la féministe suédoise Ellen Key, qui s'est intéressée à son premier recueil de nouvelles. Dans les articles qu'elle publie en Suède ou en Allemagne, Key met volontiers en parallèle les œuvres de Verhaeren et de Dehmel; c'est elle qui envoie Rilke chez Verhaeren à Saint-Cloud, elle entretient aussi la renommée du poète belge en Italie, où elle est liée avec la romancière Sibila Aleramo et le poète Giovanni Cena; elle soutient enfin à Stockholm sa candidature au prix Nobel, avec l'aide de Dagny Bjørnson, la fille du dramaturge Bjørnstjerne Bjørnson. Au lendemain de la publication d'*Hélène de Sparte*, c'est un critique théâtral du cercle de Dehmel, Julius Bab, qui lance dans une revue berlinoise un débat sur la dramaturgie de Verhaeren : il restera jusqu'à la guerre l'un des officiants du culte de Verhaeren en Allemagne. Henri Guilbeaux, qui connaît le poète belge depuis 1905, fait lui aussi le lien entre les réseaux de Verhaeren et de Dehmel : lorsqu'il tente en 1907 de ressusciter à Berlin *Le Magazine international* de Léon Bazalgette, il associe les deux écrivains (et Zweig) à son projet de *Revue française d'Allemagne*. Autour du comte Kessier, mécène influent, qui a fait nommer Van de Velde à Weimar, c'est, avec la comtesse Grefulhe, une internationale plus mondaine qui s'agite à partir de 1910 pour intéresser au théâtre de Verhaeren le plus fameux metteur en scène berlinois du moment : Max Reinhardt, que Zweig surnomme, dans sa correspondance « le Napoléon du théâtre ». Pris par les grands spectacles que lui inspire la tragédie grecque, revue par Hofmannsthal, ce conquérant promet beaucoup, mais ne remporte aucune bataille pour Verhaeren (il fait monter *Le Cloître* à la sauvette par un de ses assistants).

Le Verhaeren allemand en trois volumes que Zweig propose en 1910 révèle l'œuvre de l'écrivain belge à Paul Zech. Celui-ci étend le réseau de Verhaeren au cercle berlinois de la revue *Der Sturm* et publie un recueil inspiré par son expérience de la misère du Borinage, qui lui vaudra le surnom de « Verhaeren allemand ». Zweig se liera avec lui et portera aux nues les traductions que Zech à son tour proposera de Verhaeren, bien plus libres encore que les siennes. Un disciple de Mahler, Oskar Fried, qui compose de la musique de scène pour Reinhardt et met en musique des poèmes de Nietzsche ou de Dehmel, tire d'un poème des *Campagnes hallucinées* découvert dans la nouvelle anthologie de Zweig un mélodrame pour récitant et orchestre, qu'il crée à la Philharmonie de Berlin. Il jette également un pont vers la Russie en proposant à Stanislavski de monter à Moscou une version nouvelle, pour chœur parlé, de la même œuvre.

La génération expressionniste, dans son ensemble, se reconnaît, sinon toujours dans l'œuvre de Verhaeren, dont la rhétorique date déjà, du moins dans le vitalisme qui imprègne le *Verhaeren* de Zweig, et tout spécialement dans le « nouveau pathos » que célèbre un des chapitres du livre. Zweig y décrit un nouvel état d'effervescence poétique, caractérisé par un nouveau type de communication : la lecture publique, qui met le poète directement en contact avec son public. La poésie n'est plus confidence au lecteur : devenue action sur l'auditeur, elle apparaît de plus en plus inséparable de l'action tout court, par laquelle le poète se retrempe dans le grand courant de la vie. Un cabaret littéraire, fondé à Berlin par Kurt Hiller, et la revue expressionniste de Paul Zech emprunteront leur titre au chapitre-manifeste de Zweig.

Dans les mois qui précèdent la guerre, Verhaeren rencontre encore le jeune poète expressionniste Ernst Stadler et se lie avec Carl et Théa Sternheim, qui viennent de s'établir près de Bruxelles. Carl Sternheim promet d'intervenir auprès de Reinhardt, dont les promesses se précisent : il entend monter *Les Aubes*, le drame politique de Verhaeren, dans le nouveau « théâtre des cinq mille » qu'il compte se faire construire à Berlin. À Leipzig, Kippenberg met enfin en chantier l'édition des œuvres complètes du poète, associant à l'entreprise des traducteurs que Zweig avait parfois perçu comme des concurrents – Erna Rehwoldt ou Ludwig Scharf – mais auxquels, moins soucieux d'exclusivité et persuadé d'avoir accompli sa mission, il passe volontiers le flambeau pour se consacrer à son œuvre.

Lorsqu'ils tissent à travers le continent et jusqu'en Russie le réseau de leurs amitiés littéraires, Zweig et Verhaeren, sans se faire trop d'illusions sur la portée de leur action, espèrent contribuer au « rapprochement intellectuel des nations » et favoriser ainsi l'apaisement des conflits politiques qui déchirent l'Europe.

L'engagement européen de Zweig ne va toutefois pas sans quelques contradictions et entre sans cesse en collision chez lui avec un point de vue plus étroit, nettement germanocentriste. Comme beaucoup d'intellectuels allemands, il se plaît à présenter la littérature belge (voire la « race belge ») comme l'exemple d'une germanité qui serait à l'œuvre au sein même de la latinité. Et il ne manque pas d'écrivains belges, de Lemonnier à Verhaeren, pour se reconnaître dans cette image, qui semble rendre compte de la spécificité belge et remettre en cause les prétentions à l'hégémonie de la culture française. Le rythme de ses vers, le panthéisme qui imprègne sa pensée : presque tout serait germanique chez Verhaeren aux yeux de Zweig, qui semble parfois chercher à convaincre son public qu'il ne fait que restituer son bien à la littérature allemande.

C'est sans doute ce que Verhaeren ne peut pardonner à Zweig au lendemain de l'invasion de la Belgique. Cette assimilation lui paraît insupportable après les atrocités commises par les troupes allemandes, après l'incendie de la bibliothèque de Louvain et surtout après la publication du manifeste des 93 intellectuels allemands. Signé par des personnalités qu'il a connues de près, Max Reinhardt et surtout Richard Dehmel, qu'il s'était habitué à considérer comme son double allemand, cet *Appel aux nations civilisées* rejette les accusations portées contre l'armée allemande et proclame l'identité de la *Kultur* allemande et de l'armée allemande, thème que la propagande française, et Verhaeren dans ses pamphlets ou ses poèmes de guerre, s'empressent de retourner contre l'ennemi.

Zweig qui, de son côté, se découvre de plus en plus allemand, fait, lui aussi, dans un premier temps, œuvre de propagande. Mais il vit comme une catastrophe personnelle l'exécration que Verhaeren professe dans la presse française vis-à-vis de ceux qui l'ont accueilli en Allemagne, les accusations non contrôlées de barbarie qu'il porte contre l'armée allemande en faisant écho dans son poème « La Belgique sanglante » à des rumeurs de mutilation d'enfants, sa condamnation sans nuance d'une Allemagne jugée définitivement « incivilisable ».

Tandis que Verhaeren, tout en proclamant qu'il garde son amitié à Rolland, reste prisonnier de son personnage de poète national, un rôle qui, d'après certains témoignages, commence à lui peser, Zweig, après avoir hésité entre Hindenburg et Rolland, se rapproche progressivement des positions de ce dernier et trouve le moyen de gagner la Suisse sans rompre avec l'Autriche. Mais Verhaeren, entre-temps, est mort, en novembre 1916, écrasé par un train en gare de Rouen. Zweig voudrait se persuader que l'attitude de Verhaeren, dans les derniers mois de sa vie, s'est faite moins dure à son égard. Il est à l'affût du moindre indice, voudrait que Charles Baudouin lui montre à Genève la carte postale où Verhaeren aurait eu quelques mots bienveillants à son égard, après la publication d'un de ses textes dans la revue pacifiste *Le Carmel*. Le document reste introuvable. Un an plus tard, Zweig rend hommage à l'écrivain belge dans le plus beau texte qu'il lui ait consacré, les *Souvenirs sur Émile Verhaeren* dont il limite tout d'abord la diffusion à ses seuls amis.

Après la guerre, Zweig s'étonne de se heurter à l'hostilité persistante de Marthe Verhaeren et soupçonne chez elle des « répulsions secrètes ». Sait-il qu'en 1925 elle accueille Rilke à bras ouverts, en se réclamant de l'affection que Verhaeren lui avait conservée tout au long des douloureuses années de guerre ? Il ne connaîtra jamais la nature de l'invraisemblable soupçon que la veuve du poète nourrit à son égard et dont elle n'a instruit que quelques-uns de ses intimes, parmi lesquels André Gide : elle est persuadée que, poussé par sa passion de l'autographe, Zweig a dérobé au Caillou-qui-bique une partie de sa correspondance amoureuse avec Verhaeren – les lettres ont en effet disparu pendant l'été 1908, alors que l'écrivain autrichien était leur hôte au Caillou-qui-bique, pour y traduire *Hélène de Sparte*. Soupçon né dans la surexcitation des temps de guerre ? On peut croire aussi que l'antisémitisme dont est imprégné l'antigermanisme des pamphlets de Verhaeren y a aussi sa part. « Être haï, personnellement, pour une race, est un destin que mon sang juif m'a appris à supporter avec le sourire depuis des années, je le supporterai paisiblement en tant qu'Allemand, cette seconde dimension de mon être », écrivait Zweig à Rolland en mars 1915, après avoir lu dans *Le Temps* les invectives de Verhaeren. Pouvait-il soupçonner qu'il était doublement haï, et comme Juif, et comme Allemand ?

L'ombre du nazisme sur le duo avec Richard Strauss

Par *Antoine Livio*

LE TEMPS MOMIFIE LES GÉANTS. À peine un demi-siècle après la disparition de Stefan Zweig et de Richard Strauss (1864-1949), ces deux créateurs ont déjà rejoint leurs ancêtres dans un identique processus de production lyrique. Or, rien n'est plus faux. Il suffit de constater que Monteverdi – comme tous les compositeurs de la Renaissance – voulait imiter les tragiques grecs, en mettant en musique des poèmes dont on a souvent oublié le nom de l'auteur. Que pour Mozart, qui avait d'abord fort maltraité Métastase (mais il ne fut pas le seul), Da Ponte fut un pilleur de génies (Molière et Beaumarchais). Que les librettistes ne firent pas autre chose pour Verdi, qui tenait à s'inspirer de Shakespeare, de Victor Hugo, de Schiller... Que seul Wagner, un des premiers, a élaboré ses opéras sur des vers de sa façon, et dont il était à juste titre très fier, même s'il est encore de tradition chez les linguistes germaniques de se gausser de ses néologismes ou allitérations...

Richard Strauss est ainsi un cas. Seul de son espèce, il choisit de faire création commune avec un écrivain. Certes, il a d'abord tâtonné et payé de sa personne, dans son admiration pour Wagner, en écrivant lui-même le livret de *Guntram*, qui fut un four, puis en traduisant et adaptant la *Salomé* d'Oscar Wilde. Ce sera la rencontre avec Hugo von Hofmannsthal (1874-1929) qui va, dans l'esprit de Richard Strauss, non seulement modifier le processus de création, mais son langage musical même, en l'écartant de toute influence wagnérienne. Cette rencontre à Paris date de 1900. Six ans plus tard, débute cette collaboration qui aura pour fruits quelques-unes des œuvres lyriques majeures du XXe siècle : *Elektra, Le Chevalier à la rose, Ariane à Naxos, La Femme sans ombre, etc.* La correspondance de ces deux grands esprits, aujourd'hui largement diffusée, éclaire de façon stupéfiante ce qui demeure tout de même un mystère, l'élaboration d'une création. Avec ce jeu pervers de poète, Hofmannsthal, qui était avant tout un homme de spectacle génial, s'efforça de contrer la volonté de son aîné de dix ans – compositeur connu et reconnu pour ses œuvres symphoniques – et de l'influencer.

Il faut savoir qu'au tournant du siècle Hofmannsthal avait traversé une grave crise, qu'il traduira dans la *Lettre de lord Chandos*, et qui l'a amené à refuser la musique des mots, le lyrisme du langage. Désormais, pour lui, l'écrit ne doit plus que susciter des situations : il sera librettiste et ce sera à la musique de dire l'au-delà du langage, l'indicible. En revanche, le poète saura arracher le compositeur au charme du wagnérisme, de la mélodie continue, pour aborder la conversation en musique et créer un récitatif qui se rapproche du « chant parlé ».

Quand Hugo von Hofmannsthal meurt, Stefan Zweig, qui lui a toujours voué une admiration sans borne, a déjà pris conscience de tout ce qui le sépare de son aîné de sept ans. Car bien que tous deux d'un humanisme généreux, ils sont pourtant l'exact opposé l'un de l'autre. Hofmannsthal est un aristocrate poète, d'un narcissisme fastueux, qui exige que tout soit à l'aune de sa propre sensibilité. Il ne peut donc que mépriser Zweig, qui très tôt a tenu à s'arracher à ce qui fait la richesse de l'univers de

Hofmannsthal : le narcissisme, l'esthétisme à outrance et surtout cette nostalgie traditionaliste, dont on respire le parfum dans *Le Chevalier à la rose*.

Richard Strauss apprendra à Stefan Zweig le mépris dans lequel le tenait son aîné. Et le reproche majeur qu'il lui faisait de rechercher avant tout l'effet qui suscite les faveurs du public. Enfin que, lors de la fondation du Festival de Salzbourg, Hofmannsthal lui avait fait savoir, ainsi qu'à Max Reinhardt, qu'il refusait absolument la présence de Stefan Zweig parmi eux. Dernier point, mais essentiel, l'opposition politique des deux hommes : Zweig, pendant la Première Guerre mondiale, avait adopté les idées des pacifistes. En 1917, il avait même écrit un drame pacifiste, *Jérémie*. Proche des milieux socialistes, il reprochera violemment à Hofmannsthal de persévérer dans son engagement patriotique.

Après la mort de ce dernier, en 1929, Richard Strauss hérite donc d'un livret achevé, celui d'*Arabella*, dont il est dans l'incapacité de discuter – comme ce fut l'habitude entre les deux créateurs – certaines répliques ou certains développements psychologiques. Dans sa grande vitalité, le compositeur avait des manières frustes, qui heurtaient son librettiste, tout de sensibilité et de distinction aristocratique. On sut que Hofmannsthal était très fier de ce qu'il avait mis dans sa dernière œuvre, *Arabella*. Une œuvre qu'il avait nourrie de cette opposition même, comme il le fit dans *Le Chevalier à la rose*, entre la Maréchale et le baron Ochs. Cette fois, face à la fine et belle Arabella, il y a Mandryka, le hobereau. Du reste, Strauss n'avait-il pas avoué à Hofmannsthal qu'il souhaitait composer un nouveau *Chevalier à la rose* ?...

Alors que Richard Strauss se consacre, sans grand enthousiasme, à la composition d'*Arabella*, un de ses bons amis, Anton Kippenberg, directeur des éditions Insel-Verlag de Leipzig, se préoccupe de lui trouver un nouveau librettiste en la personne de Stefan Zweig, dont Insel-Verlag publie la majorité des œuvres. Insel-Verlag avait racheté le fonds de Schuste et Loeffler, qui, en 1901, publiaient *Cordes d'argent* d'un jeune poète de 19 ans qui avait écrit à l'éditeur : « J'ai déjà publié cent cinquante à deux cents poèmes, écrit le double et je réunis aujourd'hui en un volume, *Cordes d'argent*, cinquante poèmes d'une sélection très rigoureuse. » La critique fut élogieuse. Du jour au lendemain, Stefan Zweig devint le poète de la Jeune Vienne, mais par la suite refusa que ces *Cordes d'argent* fassent partie de ses *Poésies complètes*. À l'heure où Anton Knippenberg lui propose de succéder à Hofmannsthal, Zweig est déjà un des écrivains de langue allemande les plus lus et les plus traduits dans le monde. *Brûlant secret, Amok, La Confusion des sentiments* ont fait de lui un auteur à la mode. Il est également connu pour ses biographies de Marceline Desbordes-Valmore et de Joseph Fouché... Le 29 octobre 1931, il prend la plume pour envoyer à Richard Strauss une lettre de Mozart, qu'il vient de faire publier en fac-similé, avec transcription. Et de glisser incidemment qu'il souhaiterait le rencontrer pour lui parler d'un projet musical.

Deux jours plus tard, Richard Strauss, auquel Knippenberg avait déjà parlé de Zweig en termes élogieux, remercie Zweig de son envoi et ajoute qu'il serait heureux de recevoir l'auteur de *Volpone* et du « magnifique » *Fouché,* dans l'éventualité de pouvoir enrichir sa galerie de portraits de femmes... « Il me manque, parmi les femmes que j'ai représentées dans mes opéras, un type que je brûle de mettre en musique sur scène : la femme escroc ou la grande dame espionne. » Et le 3 novembre, Zweig d'écrire à Strauss une longue lettre de près de deux cents lignes (manuscrites). D'abord et fort poliment, il refuse la suggestion de la femme escroc ou espion, tout comme Hofmannsthal l'avait du reste précédemment refusée. Puis il propose deux thèmes qu'il lui plairait de traiter et dont il souhaite parler au compositeur, à partir de la mi-novembre, car pour l'instant il travaille à sa biographie de Marie-Antoinette.

Si la seconde proposition est déjà la mention de ce qui deviendra *La Femme silencieuse* (« un opéra-comique plus gai, plus joyeusement mobile, devant être écrit et joué avec légèreté, sans complications, avec des personnages presque classiques – au centre une femme pleine de charme, d'esprit et de pétulance, autour d'elle une douzaine de comparses, un milieu amusant »), la première doit retenir notre attention, car elle prouve la haute estime dans laquelle Zweig tenait la musique. Il s'agit « d'une pantomime dansée du style le plus noble, qui n'est pas un jeu chorégraphique mais représente, sous une forme universelle et compréhensible par tous les problèmes de la musique, de l'art en général ». Cette idée de *Marsyas et Apollon* hante l'écrivain depuis quelque dix années; n'osant à l'époque en parler à Richard Strauss, à cause des liens qui le lient à Hofmannsthal, Zweig songeait à la proposer à Stravinsky, à Honegger... Or depuis la mort de Hofmannsthal, l'idée resurgit : montrer ce que pour un créateur la musique représente, en tous ses contrastes, « du tragique au serein, de l'apollinien au dionysiaque », comme il le dit dans une lettre du 3 novembre 1931.

Autre point très important, sous la plume de Zweig, et qui reviendra souvent dans la correspondance entre l'écrivain et le compositeur, c'est la simplicité, la clarté du propos. À savoir que le public doit aussitôt saisir ce qui se passe sur scène, sans avoir à lire au préalable un texte explicatif, un livret, voire le roman qui a inspiré l'opéra. Et dans cette lettre, au risque de dresser contre lui son illustre correspondant, Zweig attaque Hofmannsthal, critique sa recherche de style, sa symbolique, et la complication inutile des actions tarabiscotées de ses derniers livrets.

Pour Zweig, seuls les romans et les nouvelles qui sont suffisamment riches d'un récit clair pour être adaptés au cinéma, peuvent devenir également livrets d'opéra. Et donc être instantanément compréhensibles, accessibles, intelligibles pour les publics les plus divers, de la ville et de la campagne, d'Amérique, d'Espagne et… d'Innsbruck, spécifie-t-il. Et nullement réservés « aux douze ou vingt grands théâtres d'opéra du monde ». Nous voilà au nœud du problème de l'opéra populaire, là où celui-ci rejoint la tragédie antique.

La première rencontre de Zweig et de Strauss aura lieu le 20 novembre 1931, à l'Hôtel Quatre Saisons de Munich. Dans son Journal, l'écrivain note que si sa première proposition n'a pas l'heur d'intéresser Strauss, en revanche la seconde enthousiasme le compositeur, au point qu'il propose même de se rendre bientôt à Salzbourg pour discuter « plus en détail avec vous de ce joli sujet et des possibilités de le mettre en musique ». Mais il n'est pas facile de se voir pour ces deux grands Européens. L'un est à Zurich, à Berlin, puis à Milan, quand l'autre est à Florence ou à Londres.

Le 5 mai, Zweig écrit à Strauss : « Je vais essayer de trouver le ton juste pour l'entrée en matière et je vous écrirai ensuite aussitôt ; une fois que l'on a frappé le diapason, la rythmique suit son cours. Mais trouver d'emblée le style, c'est affaire de grâce. Et si je n'y réussis pas, je céderai sujet et projet à qui vous choisirez, sans rien revendiquer, sinon la joie d'avoir peut-être donné une petite inspiration à un grand homme. » Le ton de ces lettres est certes celui de l'époque, mais il diffère grandement de celui de la correspondance avec Hofmannsthal. On comprend dès lors que Zweig, par la suite, ne fut pas étranger à la composition des opéras comme *Daphné, Friedenstag* et *Capriccio*. Sans jamais rien demander en échange, il ne ménagera ni ses conseils, ni ses idées.

Bientôt le compositeur lui envoie quatre lettres successives pour enfin obtenir une première esquisse... « Tous mes remerciements cordiaux pour l'envoi du projet Morosus (*Sir Morosus*, tel est le titre primitivement choisi pour ce qui deviendra *La Femme silencieuse* d'après le sous-titre de la pièce de Ben Jonson, dont le livret de l'opéra est très librement adapté et fort amélioré). Je le répète avec enthousiasme : il est ravissant, c'est l'opéra-comique par excellence – une idée de comédie qui peut rivaliser avec les meilleures du genre – qui se prête encore mieux à la musique que *Figaro* et *Le Barbier de Séville*. »

L'admiration réciproque des deux hommes, qui se mue très vite en amitié, avec toute la réserve due à leur âge et à leur notoriété, permet une élaboration exceptionnellement rapide de *La Femme silencieuse*. Strauss reconnaîtra que ce fut une exception dans toute son œuvre. Pourtant, il se pose des questions. Malgré le raffinement psychologique dont Zweig a fait preuve dans son livret, il y a certaines scènes, comme celle du mariage, qui pourraient paraître un peu longues, mises en musique. Aussitôt l'écrivain acquiesce, acceptant critiques et propositions. Il est des plus passionnant de suivre le dialogue, par lettres interposées, au sujet par exemple des récitatifs.

Zweig fait preuve d'une lucidité, d'une intelligence musicale rares, sachant que cet « opéra-comique » pourrait paraître un retour en arrière, après les œuvres dues la collaboration avec Hofmannsthal. Ce dernier obligeant en effet sans cesse Strauss à se couper du public populaire, qui refusait l'opéra littéraire. Zweig dès lors recherche la couleur qu'il conviendrait de conférer aux récitatifs, car il ne veut pas de clavecin pour le récitatif *secco* : « Je me demande si l'on ne pourrait pas réussir à donner libre cours à cette pétulance dans la musique même, à la champagniser par des sons pétillants (mais très légèrement, très finement entre chaque phrase), afin que pendant les passages de prose l'on se sente parfois vivement excité par la musique, mais non satisfait, et qu'ainsi on la savoure doublement quand elle recommence à déferler. Je m'imagine donc ce fond sonore, piquant et gracile, la musique donne tout juste un signe, je suis là ! Mais elle n'entre pas en scène dans toute son ampleur, l'auditeur se repose sur elle et en même temps il désire son retour. »

Or, une autre musique gronde dans les coulisses de ces années 30. Avec une grande pudeur, mais une fermeté certaine, Zweig refuse tout compromis. Strauss le soutient et va jusqu'à interpeller directement Goebbels... Pendant ce temps, *Arabella* est un triomphe. Le compositeur en est le premier surpris et écrit à Zweig : « Faut-il donc arriver à l'âge de 70 ans pour s'apercevoir que c'est pour le kitsch que l'on est le plus doué ? Mais plaisanterie à part, n'avez-vous pas pour moi quelque nouveau petit sujet bien sentimental ? »

Le 13 décembre 1934, Zweig supplie Strauss, dans une lettre écrite de Londres, « d'empêcher absolument une représentation de *La Femme silencieuse* pour l'instant ». Seulement, Hitler et Goebbels ayant donné officiellement leur accord, la création à Dresde ne peut être ni annulée, ni repoussée. Pendant ce temps, Strauss tente d'obtenir un nouveau livret que Zweig ne signerait pas. L'écrivain rétorque : « ... Collaborer en secret me semble, comme je vous l'ai dit, non conforme à votre rang. Mais je suis prêt à offrir avec joie mes conseils à quiconque travaillera pour vous, à lui fournir des projets, et sans aucune contrepartie matérielle, sans m'en vanter jamais... »

Malheureusement, la création de *La Femme silencieuse*, le 24 juin 1935, relèvera davantage de la politique que de l'événement artistique. Bien que Zweig ait eu ses livres brûlés, le 10 mai 1933, lors de l'autodafé des œuvres d'auteurs non aryens, jugés dégénérés et corrupteurs, son nom fut à l'affiche de l'Opéra de Dresde, à la demande de Richard Strauss. Mais celui-ci est bientôt contraint de démissionner de sa présidence de la Chambre de musique. À partir du 8 juillet 1935, *La Femme silencieuse* est interdite sur les scènes du Reich. Or, Zweig fut moins touché par cette décision que par le résultat de sa collaboration avec Strauss. Il écrit à sa femme, le 26 juin 1935 : « ... Quant à l'opéra lui-même, une chose est sûre, c'est qu'il est beaucoup trop long, d'une *difficulté démentielle*, donc tout à fait le contraire de ce que j'avais en tête. »

Il n'empêche qu'il recommande à Strauss son ami Joseph Gregor, directeur de la section théâtrale de la Bibliothèque nationale autrichienne. Gregor deviendra le librettiste de *Daphné*, de *Jour de paix* et de *L'Amour de Danaé*, Zweig ne cessera de lui prodiguer les conseils les plus avisés. En vain. La légèreté a disparu.

4
Documents

« Aujourd'hui, un homme comme Érasme serait on ne peut plus nécessaire »

Entretien avec *André Rousseaux*

SE RENDANT DE LONDRES À SALZBOURG À LA FIN DE 1933, Stefan Zweig fit halte à Paris, où venait de paraître la traduction française de son livre sur Marie-Antoinette ; André Rousseaux le rencontra et publia un entretien avec lui dans l'hebdomadaire *Candide* du 4 janvier 1934. Nous reproduisons ci-dessous les principaux passages de cet entretien, particulièrement éclairant sur la manière dont Stefan Zweig pouvait concevoir ses ouvrages historiques.

Qu'est-ce qui vous a poussé à écrire sur Marie-Antoinette ?
Stefan Zweig. Pendant longtemps, je n'ai pas saisi très clairement le caractère de Marie-Antoinette. J'avais présents à la mémoire, d'une part, les exposés vivement discutés des avocats de la Révolution, et, d'autre part, les idolâtries de la littérature royaliste. Pour mon plaisir personnel, je voulus étudier ce caractère, et j'ai été amené ainsi à des recherches systématiques qui m'ouvraient sans cesse de nouvelles perspectives. Je me mis à fouiller dans les archives de Vienne et, avec une joyeuse surprise, je m'aperçus que des parties importantes de la correspondance de l'impératrice Marie-Thérèse n'étaient pas connues. Bien entendu, la République n'hésita pas à en permettre la publication.

Cette correspondance est, en effet, passionnante, et l'édition que vient d'en donner Georges Girard fournit une illustration saisissante à votre biographie.
N'est-ce pas ? D'autre part, une passion que je cultive depuis de nombreuses années, la collection des autographes, m'a servi aussi. C'est ainsi que j'étais au courant des nombreuses lettres attribuées faussement à Marie-Antoinette, lettres que de précédents biographes de la reine avaient utilisées en toute confiance dans leurs œuvres. Il m'apparut alors qu'une biographie de Marie-Antoinette reposant sur des documents exacts ne serait point une chose superflue mais qu'elle répondait au contraire à une nécessité. Un tel travail n'était pas sans attrait pour moi. Car, en ma qualité d'Autrichien, je connais naturellement l'histoire de mon pays, et je voyais là la possibilité d'expliquer maintes particularités du tempérament vraiment autrichien de Marie-Antoinette. Rien, en effet, n'est plus faux que de voir, comme on l'a si souvent fait, une Allemande en cette femme mi-lorraine et mi-autrichienne. D'autre part, l'histoire de France ne m'était point du tout étrangère…
Nous le savons par votre *Fouché*.
Et c'était pour moi un vrai bonheur de m'atteler à cette œuvre psychologique si riche en aperçus. Il y a là un destin monstrueux, d'autant plus terrible qu'il s'agit non pas d'un individu supérieur, mais d'un être moyen. Jamais la biographie d'un pur héros ne m'a autant excité que celle d'un héros involontaire, de l'homme voué à une destinée pour laquelle il n'était pas du tout fait psychologiquement. Dans une figure comme celle de Marie-Antoinette, je vois la forme la plus humaine du tragique, et écrire l'histoire des humains a toujours été pour moi d'un attrait bien plus considérable que de m'attacher à celle des dieux.
En somme, vous aimez assez que la poésie se mêle à l'histoire.
Parfaitement. D'ailleurs, quand je fais de l'histoire, je continue

à écrire en même temps des romans et des nouvelles. Seulement, il m'est arrivé ce qui est arrivé à beaucoup d'autres : l'histoire a éveillé en moi un vif intérêt; la cause en est sans doute dans le trouble de notre époque. Avant 1914, j'appartenais à cette foule d'écrivains qui, systématiquement, ne lisaient dans un journal rien de la politique, de l'économie ou des sports, à l'égard desquels ils professaient le plus grand mépris. Nous avons été brutalement réveillés et contraints de prendre part à ce qui se passe autour de nous : nous devons nous efforcer de comprendre le monde dans lequel nous vivons, ainsi que ses lois. Pour cela, il n'y a pas, il ne peut y avoir de meilleur moyen que l'histoire. Je suppose que je ne suis pas le seul à penser que cet amour de l'histoire et de ses descriptions n'est jamais apparu aussi clairement qu'en ces années de crise.

Vous n'êtes donc pas de ceux qui écartent l'enseignement de l'histoire pour expliquer notre époque?
Je crois avant tout que nous comprenons mieux l'histoire que la plupart des générations qui nous ont précédés parce que nous avons vécu comme témoins, au cours de ces vingt dernières années, tous les états critiques imaginables. Nous avons vu des régicides, des révolutions et des contre-révolutions, la guerre, la famine, le blocus, des coups d'Etat, des banqueroutes d'État, des dévalorisations de monnaies, des inflations, des Conventions ou des dictatures; nous avons, en vingt années, assisté et participé à toutes les péripéties et les catastrophes qui d'ordinaire se répartissent sur un siècle. Nous pouvons donc mieux comparer et mieux comprendre ce qui s'est passé que n'importe quelle génération avant nous. Certes, les analogies ne sont jamais parfaites : l'histoire ne se répète pas, mais elle nous rappelle certains types d'hommes, certaines formes d'événements. Je suis convaincu que rarement on a lu d'aussi bonne histoire qu'à notre époque, que rarement l'histoire et la biographie ont trouvé d'aussi bons narrateurs.

**Mais croyez-vous qu'à cette expérience intensive,
notre époque ait ajouté quelque chose de nouveau?**
Elle a avant tout créé une nouvelle dimension : jamais on n'avait enregistré dans l'histoire des événements collectifs d'une aussi grande envergure. La guerre de 1914 a été le premier événement de ce genre qui ait mis en mouvement des centaines de millions d'individus. Aucune autre guerre avant elle n'avait pénétré d'une façon aussi profonde dans l'existence des nations : et parce que l'État tenait alors l'individu d'une main plus brutale et plus cruelle qu'autrefois, jamais plus il ne l'a lâché. À cela viennent s'ajouter les inventions techniques qui, telle la TSF, touchent des millions d'individus à la même seconde, ou les manifestations politiques qui, comme à Moscou, Berlin, Rome, groupent à la même heure un million d'hommes; ou encore la dévalorisation de l'argent qui, comme en Europe centrale ou en Amérique, permet à l'État de plonger de la même façon dans des millions de poches à la fois. Tout cela crée une uniformisation de faits et d'impressions que nous ne connaissions pas autrefois. Aussi l'observateur sincère d'aujourd'hui doit-il étudier la psychologie des masses autant que celle de l'individu. Historiquement peut-être rien n'a changé, il ne s'est produit qu'une extension et un élargissement énormes des faits. Mais un développement si soudain devait fatalement amener une crise. Toute l'inquiétude qui nous assaille en ce moment résulte en définitive de ce que nous ne sommes pas encore complètement adaptés au nouveau rythme, aux nouvelles dimensions des événements.
**Vous pensez comme beaucoup de gens que la plus grave
menace qui pèse sur l'homme à l'heure actuelle est l'oppression
de sa personnalité par la tyrannie collective. Croyez-vous
que l'individu puisse se soustraire à cette pression des masses?**
Extérieurement, non, bien entendu, car nous dépendons du passé, nous appartenons à la collectivité, à un État, nous sommes ses

prisonniers. Mais, du point de vue intérieur, l'indépendance est toujours possible, bien que cela demande les plus grands efforts. Je viens justement d'étudier la vie d'Érasme : ce sera l'objet de mon prochain livre, car j'ai trouvé en lui l'un des rares hommes qui aient su conserver leur indépendance intérieure à une époque de crise spirituelle mondiale. Aujourd'hui, l'Europe est broyée entre le fascisme et la démocratie. Au temps d'Érasme, du fait de Luther, le protestantisme et le catholicisme mettaient en pièces l'Église, ce dernier État européen. Alors non plus, il n'y avait pas de choix pour l'individu, il devait se prononcer. Mais Érasme haïssait l'exagération de part et d'autre, il détestait le fanatisme d'où qu'il vînt. Aussi prit-il la position la plus ingrate en se plaçant entre les deux parties et en tentant de ressouder – tout au moins spirituellement – le monde divisé, morcelé, déchiré. Aujourd'hui encore un homme comme Érasme, capable du même effort, serait on ne peut plus nécessaire. L'étude de sa vie m'a beaucoup aidé à comprendre cette époque de la Réforme si semblable à la nôtre par sa brutalité et sa grandeur. Aussi est-ce pour moi un devoir d'ériger un monument de gratitude, si petit soit-il, à ce premier Européen, à cet ami passionné de la paix, à ce précurseur qui a vécu avant nous tous les dangers auxquels nous sommes exposés dans le monde présent.

Pour des États-Unis d'Europe

Par *Stefan Zweig*

L'HISTOIRE, CET OCÉAN D'ÉVÉNEMENTS EN APPARENCE SANS MARÉE, obéit en réalité à une loi rythmique immuable, à une sorte de jeu de vagues qui divise ses époques en flux et reflux, en avances et reculs ; comment pourrait-il en être autrement étant donné qu'elle est faite par des hommes et que ses lois psychiques ne font que refléter celles de l'individu °? En chacun de nous existe cette dualité ; le processus que nous appelons la vie n'est toujours en définitive qu'une tension de pôle à pôle. Quel que soit le nom que nous donnions à ces deux forces opposées, que l'une soit la centrifuge et l'autre la centripète, ou, dans le langage de la nouvelle psychologie, qu'elles soient l'introvertie ou l'extravertie, ou, dans celui de la morale, l'égoïste ou l'altruiste, partout et toujours c'est sous cette forme que s'exprime la double tendance qui est en chacun de nous, d'une part s'isoler du monde en tant que moi et, d'autre part, lier son moi au monde. Nous voulons

---

° Extraits inédits en France d'une conférene prononcée par l'écrivain à Florence, en 1932, et intitulée : « La pensée européenne dans son développement historique ». Nous reproduisons ces extraits avec l'aimable autorisation
de M. Gabriel Fragnière, ancien recteur du Collège d'Europe de Bruges, qui l'avait éditée dans une brochure publiée sous sa direction en 1993, intitulée « Stefan Zweig, ou espérer l'Europe à en mourir ».

garder notre individualité et même la renforcer, mais en même temps nous sommes poussés à la dissoudre dans la communauté. C'est ainsi que les nations, ces individus collectifs, elles aussi sont soumises à cette tendance alternative consistant tantôt à affirmer leur personnalité intellectuelle et morale, tantôt à rechercher des communautés supranationales plus hautes qui les féconderont mais auxquelles elles devront abandonner une part de leur fonds et de leur individualité. À travers toute l'histoire, ces deux tendances d'attraction et de répulsion, de paix et de guerre, la concentrique et l'expansive, s'opposent sans cesse. Tantôt se forment de grands édifices étatiques et religieux, tantôt ils se dissolvent, des périodes d'hostilité succèdent à des périodes de réconciliation et d'amitié, mais au fond l'humanité, considérée d'un point de vue de plus en plus élevé, tend constamment vers des unions toujours plus hautes et plus fécondes. L'une et l'autre des tendances, la nationale comme la supranationale, ont déjà, parce qu'elles existent, leur sens culturel et physique, l'une n'est pas possible sans l'autre dans l'organisme intellectuel des êtres que nous appelons États ou nations. Et leur opposition est nécessaire pour maintenir la tension créatrice au sein de l'humanité. Mais je n'en prendrai qu'une pour l'objet de mon étude : dans une époque de déchirement national, je veux justement souligner l'élément d'unité, l'Éros mystérieux qui pousse l'humanité, depuis toujours, par-dessus les différences de langue, de culture, d'idées, vers une unité supérieure. Je veux essayer, en jetant un regard sur le développement intellectuel de l'Europe, de donner une courte histoire de ce désir éternel d'unité de sentiment, de volonté, de pensées et de vie, qui en deux mille ans a créé le magnifique édifice commun que nous appelons fièrement la culture européenne.

[...] Déjà, dans le plus vieux livre du monde, au commencement de la Bible, là où elle parle des premiers hommes, nous trouvons en un magnifique symbole la première histoire de ce désir d'unité créatrice de l'humanité. C'est la profonde légende de la tour de Babel et c'est ce mythe admirable que je veux rappeler et expliquer. À cette époque, à peine sortis de l'inconnu, les hommes – donc l'humanité – s'étaient rassemblés en vue d'une œuvre commune. Ils voyaient un ciel au-dessus d'eux, et, comme ils étaient des hommes, ils éprouvaient déjà le désir du surhumain et de l'inaccessible, et ils se dirent : « Bâtissons une ville et une tour, dont le sommet atteindra le ciel, afin que nous fassions un nom pour l'éternité. » Et ils pétrirent de l'argile, firent cuire des briques et se mirent à édifier leur formidable ouvrage.

Mais Dieu vit du haut du ciel – ainsi raconte la Bible – cet effort ambitieux et se rendit compte de la croissance grandiose de l'ouvrage. Il reconnut la puissance de l'esprit qu'il avait mis lui-même dans les hommes et la force immense qui existe, irrésistible, dans cette humanité aussi longtemps qu'elle reste unie. Et afin que l'humanité ne s'enorgueillisse pas et ne l'atteigne pas, lui, le Créateur, dans sa hauteur solitaire, il décida d'empêcher l'œuvre et dit : « Troublons-les, qu'aucun ne comprenne le langage de l'autre. » [...] Ainsi la tour de Babel, œuvre commune de toute l'humanité, resta abandonnée et tomba en ruine. Ce mythe est un admirable symbole de l'idée que tout est possible à l'humanité, même les choses les plus hautes, quand elle est unie, mais presque rien quand elle se divise en langues, en nations qui ne se comprennent plus et ne veulent pas se comprendre. Et peut-être – qui sait quels souvenirs mystérieux vivent dans notre sang ? – peut-être y a-t-il encore dans notre esprit une vague réminiscence de ces temps lointains où l'humanité était unie et un désir nostalgique qu'elle le redevienne pour reprendre l'œuvre commencée. En tout cas, ce rêve d'un monde uni est plus vieux que toute littérature, que tout art, que toute science.

[…] Mais quittons la légende, ce vestibule, pour entrer dans le cœur de l'histoire. Sur ses débuts règne l'obscurité la plus complète. Nous voyons au bord de la Méditerranée et en Orient des empires se former, puis disparaître, parfois la volonté d'un seul peuple se concentre en une force immense, se répand comme une inondation sur les différents pays, mais uniquement pour les piller, les ravager, les détruire, et quand ce flot guerrier reflue, il ne reste rien que la vase de la dévastation. Les civilisations qui naissent à l'aube de l'histoire n'ont aucune force édificatrice ni organisatrice, elles ne servent pas encore l'idée de la communauté, et même la civilisation grecque n'imprime pas au monde le sceau de l'unité. Elle donne une mesure, nouvelle et magnifique, pour l'âme humaine, mais elle ne la met pas aux mains de l'humanité. La véritable unité politique et intellectuelle de l'Europe, l'histoire universelle, ne commence qu'avec Rome, l'Empire romain. Ici vient pour la première fois d'une ville, d'une langue, d'une loi la volonté résolue de dominer et d'administrer tous les peuples, toutes les nations du monde d'alors d'après un seul schéma, génialement élaboré – domination non pas seulement comme jusqu'alors par la puissance des armes, mais sur la base d'un principe spirituel, domination non comme but en soi, mais comme organisation intelligente du monde. […]

Mais précisément parce que l'Empire romain était si grand, si vaste et si profondément ancré dans le sol de l'Europe son écroulement signifie une catastrophe morale et spirituelle, un bouleversement sans exemple dans l'histoire de la culture européenne. De ce point de vue, l'état de l'Europe après la chute de l'Empire romain ne peut être comparé qu'à celui d'un homme qui, à la suite d'un terrible ébranlement du cerveau, a soudain tout oublié, qui d'un état de maturité intellectuelle retombe brusquement dans un état d'imbécillité complète. […]

Ce moment est le point culminant du morcellement européen, le plus bas de notre culture commune, celui où lui fut porté le coup le plus effroyable qu'elle ait jamais reçu. [...] Mais ne l'oublions pas : même dans ce moment extrême d'anarchie l'Europe n'a pas perdu complètement l'idée d'unité. Car cette idée est indestructible. De même que le corps humain oppose aux germes meurtriers des forces tirées de son propre sang, de même l'organisme de l'humanité, dans les moments de grave danger, tire toujours de lui-même une force salvatrice. À l'époque où la terre est désolée et livrée aux éléments de destruction, l'esprit édifie une nouvelle construction. Précisément au moment où l'Empire romain s'écroule, la volonté d'unité de l'humanité crée une nouvelle œuvre admirable, l'Église romaine, qui est comme un reflet dans le ciel de sa puissance terrestre. La matière est détruite, mais l'esprit est sauf, le terrible ouragan passé, un grain de semence est resté, la langue latine. Ce que la main a édifié peut s'écrouler, ce que l'esprit a créé pour la communauté des hommes peut être enseveli, mais non détruit. [...]

Et d'un seul coup le miracle est réalisé : les savants de toute l'Europe séparés par la diversité de leurs langues nationales encore informes peuvent de nouveau correspondre entre eux, s'écrire et se comprendre fraternellement. Les frontières entre les pays sont franchies comme d'un coup d'aile grâce à la langue. Il est tout à fait indifférent à l'époque de l'humanisme qu'on étudie à Bologne, à Prague, à Oxford ou à Paris. Les livres sont en latin, les professeurs parlent latin. Un même genre de discours, de pensée et de conversation est commun à tous les intellectuels d'Europe. Érasme de Rotterdam, Giordano Bruno, Spinoza, Bacon, Leibniz, Descartes se sentent tous citoyens d'une seule et même république, celle des savants. L'Europe sent de nouveau qu'elle travaille à une œuvre commune, à un nouvel avenir de la civilisation occidentale.

[…] Si une comédie disparue de Térence est retrouvée dans un coin caché de l'Italie, c'est un cri de joie en Angleterre, comme en Pologne et en Espagne parmi les intellectuels, comme si un enfant leur était né ou une fortune tombée du ciel. Par l'existence de ce royaume supranational de l'humanisme, par cette suprématie d'une élite internationale qui, indifférente aux luttes politiques, guidée par sa passion artistique, pense par-dessus les frontières, la preuve est fournie une nouvelle fois, la première depuis l'écroulement de l'Empire romain, qu'une pensée européenne commune est possible, et ce sentiment anime et enivre les esprits. […]

Cette première forme d'européanisme intellectuel, après une longue période de guerres, représente l'un des sommets de l'humanité. […] Mais aussi impitoyablement qu'après le flux vient le reflux, à ces périodes de fraternisation succèdent des périodes de conflits et de destruction : la nature humaine ne peut pas vivre sans contrastes. De nouveau se produit du plus haut sommet la chute la plus profonde. L'unité de la religion catholique, qui, pendant plus de mille ans, a lié les uns aux autres les pays de l'Occident, se défait, l'époque des guerres de Religion commence, la Réforme détruit la Renaissance. […]

Mais la tendance de l'âme à une unité supérieure ne meurt pas ; les aspirations intellectuelles sont des forces qui ne s'arrêtent jamais, elles changent seulement d'expression. […] On le voit, le rythme de ce mouvement qui pousse les peuples l'un vers l'autre ne s'arrête jamais complètement. Au-dessus de l'Europe géographique on aperçoit toujours, depuis que les peuples qui la composent se sont éveillés à la culture, une Europe spirituelle, toujours l'art, la science lèvent la bannière multicolore de l'unité, mais toujours aussi la violence – l'ennemie de l'esprit – brise ce sentiment fraternel : cette fois, c'est la Révolution, puis les guerres napoléoniennes, lesquelles donnent naissance aux armées nationales et font paraître ainsi l'idée de patrie non plus comme affaire de princes, mais comme une question qui intéresse également les peuples. Par là, l'art et la pensée prennent aussi un caractère national. Une fois de plus nous assistons à un recul. Avec Beethoven et Schubert, et plus encore avec Wagner, Chopin, ou Moussorgski, Rossini et Verdi, la musique de supranationale devient nationale, la littérature patriotique, situation qui jusqu'à un certain degré existe encore aujourd'hui et qui s'appelle l'autarcie intellectuelle, l'isolement conscient sur le plan national.

Mais précisément dans le moment dangereux de division – il y a plus de cent ans de cela – une grande voix s'élève, qui prononce d'un ton impérieux ces paroles prophétiques : « Les temps de la littérature nationale sont révolus, celui de la littérature mondiale commence. » Qui parle ainsi ? Est-ce quelque poète sans nationalité, quelqu'un qui n'aime pas sa propre langue, qui ne comprend pas les sentiments de son pays, qui n'a aucun amour pour lui, un « *fuoriscito* », un banni, un proscrit ? Non, c'est le plus grand des poètes allemands, Goethe. Plus cet esprit élevé prend de l'âge et gagne en clarté, plus il lui faut de l'espace. Le monde allemand, le point de vue purement allemand lui apparaît, à lui qui étend ses regards sur toute la terre, trop étroit, et à côté, en plus, il se crée une conscience européenne, il s'efforce, quoique allemand représentatif comme pas un, de penser avec l'âme de tous les peuples. […]

Cependant, ce n'est qu'à la fin du XIXe siècle que l'idée des « États-Unis d'Europe » en tant que mot d'ordre politique et extra-politique est exprimée et le postulat de la nécessité d'une unité économique et morale de tous les pays du continent n'a guère plus de cinquante ans d'existence. Nietzsche, le premier parmi les penseurs contemporains, déclare résolument qu'il faut en finir avec les « patriotarderies » et créer une conscience supranationale, le sentiment patriotique d'une Europe nouvelle. Pour lui, qui a précédé si tragiquement son temps, il n'y a plus de discussion possible sur le fait inévitable que l'Europe, « cette petite péninsule de l'Asie », comme il l'appelle ironiquement, doit enfin s'unir. […] Tout aussi passionnément, quelques années plus tard, Émile Verhaeren, le grand lyrique belge, développe dans ses poésies l'idée de la nécessité d'un sentiment de race commun aux peuples de l'Europe. Ce poète, vivant à la limite de deux groupes linguistiques, de deux peuples en lutte depuis des siècles, avait été profondément choqué par le fait que, de l'autre côté de l'Océan, Walt Whitman célébrât l'Américain comme l'homme de l'avenir […]. La fierté de l'Européen chez Verhaeren en fut excitée et l'amena à répondre. L'Europe devait-elle vraiment abdiquer ? Non, jamais ! Chez ce jeune homme ardent, il y avait quelque chose qui se refusait à croire que l'Europe, qui, pendant deux mille ans, avait été la « forge de l'idée », […] dût se démettre et tendre son glaive et son sceptre à la jeune héritière. Il était exaspéré par les bavardages sur le « déclin de l'Occident », comme si la mission de l'Europe sur la terre était déjà terminée et que le salut ne pût venir que de l'Est ou de l'Ouest. Verhaeren croyait (et nous croyons avec lui) à la vitalité de l'Europe et à sa force qui est encore loin d'être épuisée ; il pensait que les nations européennes sont appelées à garder la direction spirituelle du monde, à condition bien entendu que nous n'amoindrissions, que nous ne détruisions pas nous-mêmes nos forces dans des luttes stériles, mais les accroissions au contraire par une communauté passionnée. Ce facteur d'élévation, d'union entre les différentes nations de l'Europe, Verhaeren l'a vu dans l'enthousiasme, dans l'admiration franche et joyeuse de nos réalisations réciproques.

[…] Toutes nos différences et nos petites jalousies, nous devons les fondre dans la passion pour ce grand but de fidélité à notre passé commun et de foi en notre avenir commun. Ainsi peu avant la guerre l'idéal d'une pensée, d'une attitude européenne fait son chemin : un philosophe le proclame dans la conviction de sa raison, un poète lyrique dans le feu de son enthousiasme, et une grande œuvre de cette époque apporte encore sa contribution à l'idée des États-Unis d'Europe : *Jean-Christophe*, de Romain Rolland. [...]

Je n'ai mentionné que trois hommes parmi tous ceux qui dans la période qui a précédé la guerre ont montré avec une claire conscience la nécessité d'une Europe unie. Un nombre infini d'autres ont timidement et sans bruit partagé cette foi, et justement au début du siècle, par suite des relations commerciales de plus en plus étroites entre les peuples et de la richesse naissante des nations, une humeur optimiste commença à se répandre en Europe. Toujours dans les moments de grande unité l'humanité se sent animée d'une espèce de sentiment religieux, dans les périodes où elle s'élève le lointain lui paraît proche et l'inaccessible déjà atteint. C'est ainsi que les jeunes de ma génération, nous qui avions grandi dans le siècle nouveau et trouvé partout, en France, en Angleterre, en Italie, en Espagne et dans les pays scandinaves, des amis et des camarades pour travailler en commun à la réconciliation générale des peuples, guidés par notre foi, nous pensions que le monde entier était déjà uni par l'amitié, que les États-Unis d'Europe étaient déjà presque une réalité, et combien ce pressentiment nous rendait heureux ! Mais c'est précisément à cette génération qui croyait à l'unité de l'Europe comme à un évangile qu'il fut donné de voir l'anéantissement de tous les rêves échafaudés, la grande guerre entre toutes les nations de l'Europe. [...]

Notre génération qui, depuis un quart de siècle, n'a vu que des événements dirigés contre la raison, qui voit encore quotidiennement les décisions les plus nécessaires constamment ajournées ou prises non pas à la onzième heure mais à la douzième, notre génération éprouvée, déçue, qui a vu la folie de la guerre et celle de l'après-guerre, n'a plus la naïveté de croire en de saines, rapides et claires décisions. Elle a aussi reconnu la force des tendances contraires, des intérêts mesquins à courte vue qui s'opposent aux grandes idées nécessaires, la force de l'égoïsme, dressé contre l'esprit de fraternité. Non, elle n'est pas pour demain l'Europe unie, peut-être devrons-nous attendre des années, des décennies, peut-être notre génération ne la verra-t-elle pas. Mais, je l'ai déjà dit, une vraie conviction n'a pas besoin d'être confirmée par la réalité pour se savoir juste et vraie. Il ne peut être défendu à personne de rédiger lui-même dès aujourd'hui sa carte d'identité d'Européen, de se dire citoyen d'Europe, et, malgré les frontières, de considérer fraternellement comme une unité notre monde multiple. Il est possible que ce soit de l'illusionnisme, mais qui pense résolument par-dessus le monde existant se crée tout au moins une liberté personnelle en face de notre époque absurde. Il peut considérer avec un sourire les vains et invraisemblables artifices de la diplomatie dilatoire, avec mépris les campagnes d'excitation à la haine des journaux de chaque côté des frontières, les chicanes entre nations, avec regrets l'irritabilité maladive des peuples dressés les uns contre les autres. Lui-même libre à l'égard de tout cela, il peut garder son âme pure de la haine effroyable qui s'étend aujourd'hui sur la terre comme une nappe de gaz asphyxiants, et, se tenant ainsi à l'écart de ces conflits pour lui abolis, il peut mieux comprendre l'humain sur notre terre et s'élever à cette justice sereine, claire et sans préjugés grâce à laquelle – admirable parole de Goethe – il ressentira comme le sien propre le sort de tous les peuples.

Deux lettres inédites de Stefan Zweig

À Albert Mockel
Vienne, Autriche VIII. Kochgasse 8
(nouvelle adresse)*

Mon cher Mockel, je vous remercie pour votre bonne lettre, que j'attendais un peu inquiet : j'ai toujours peur, de perdre ceux, qui me sont les plus importants. Vous me donnez nouvelles du pauvre van Lerberghe, dont j'admire le talent exquis depuis de longs années. Seulement je crois que son valeur soit borné à la lyrique : je n'aime pas du tout le « Pan » et il me paraît bien remarquable, que vous avez réusssi de lui gagner la scène avec une adaption. Quant aux traducteurs je n'ai point de confiance en Mr Ruhemann : il a traduit Lemonnier il y a quatre ans et je n'ai vu pas encore paraître une ligne. Si vous trouvez entre ceux, qui voudraient traduire Lerberghe le nom de Otto Hauser, choisissez-le : c'est lui, qui connaît van Lerberghe le mieux. Quant à moi, je suis tellement accablé de travail, que je ne puis pas penser à aucune traduction.

Quant à Lerberghe, j'ai une petite demande à vous. Pouvez-vous me donner un manuscript original (pas une lettre, j'en ai deux) de van Lerberghe, un livre ou un poème ? Vous savez que j'aime telles souvenirs et que je les conserve bien : Verhaeren m'a promis le manuscript des « Multiples splendeurs », Albert Mockel

---

* Texte original, en français, d'une lettre adressée en 1907 au poète et conteur belge Albert Mockel.

– peut-être vous l'avez oublié – le manuscript d'un de ses livres. Si vous possédez par hasard quelque chose de Lerberghe ou de Maeterlinck – sans y attacher grand valeur – vous me faites, en me le donnant, un présent très précieux.

Le Josephstädtertheater à Vienne est une scène très sérieuse et vous pouvez le confier tranquillement à Mr Jarno : seulement je m'en doute fort du succès, néanmoins que je le désire vivement. Mais ne serait pas cette représentation la meilleure occasion pour vous de visiter Vienne ? Si vous êtes content avec un canapé pas mal vous pouvez loger chez moi, avoir la vie tranquille : vous verrez la ville mieux que seule et vous n'aurez pas de regrets. Vous aurez une chambre tout à fait pour vous, des livres françaises, vos poètes favoris, etc. Et vous verrez une ville splendide, d'une culture très vieille, riche et abondant : profitez du bon moment.

J'ai lu de vous de très belles choses dans « Vers et Prose », qui me font attendre votre nouveau livre avec impatience. De plus en plus j'admire la Belgique littéraire, j'aime ardamment le nouveau recueil de Verhaeren (et je trouve l'étude de mon ami Bazalgette très très juste, qui lui donne une position culminante) et je m'attends de vous presque également dans votre genre : si vous publiez dans une revue quelque chose, que je vous aimez bien, envoyez le moi, et soyez sûr, que je la lirai avec la plus grande sympathie.

Mon livre « Die frühen Kränze » a eu un beau succès, surtout – c'est généralement pas une introduction un peu supecte – notre grand prix littéraire de 1 000 francs, mais je m'en moque et préfère le jugement de nos bons poètes, qui l'ont accepté très favorablement. Ma tragédie (1), qui est accepté du Théâtre royal à Berlin a des chances d'être joué, mais hélas – seulement des chances. Puis, j'ai écrit une grande préface pour l'édition allemande d'Arthur Rimbaud et c'est presque tout ce que j'ai travaillé. Je suis un peu trop voyageur : j'étais trois semaines en Tirol et maintenant je vais pour quelques jours à Prague, où je suis invité à lire mes poèmes.

Vous voyez, je n'ai pas à me plaigner, mais la nature m'a fait tout à fait imperturbable et désintéressé aux ambitions. J'aime les voyages et j'aime les grands personnalités : l'art n'est pas la vie pour moi, néanmoins que je ne pourrais vivre sans travail artistique. Vivre intensément ou comme notre Goethe dit – alle seine Fähigkeiten zur höchsten Entfaltung bringen ist das einzige Ziel eines Lebens (2) – c'est tout. Agrandir le cercle de la vie est mon idéal : j'irai cette été en Suède et Norvège pour connaître cette nouvelle monde et je les aime déjà d'avance, ces hommes silencieuses et graves et néanmoins douces d'âme comme des filles. C'est plus intéressant pour moi que tout mon œuvre littéraire.

Mais je ne veux pas bavarder. C'est pas bien de causer dans une lettre, quand on n'est pas maître de la langue et quant il faut, d'accomoder les pensées un peu aux mots et pas le mot aux pensées. Il serait mieux de causer ici à Vienne et je vous prie de penser sérieusement à cette proposition.

Je vous souhaite bon travail et un beau printemps. Si vous verrez notre grand Verhaeren donnez-lui mes cordialités respectueuses et l'assurance de ma fidélité.

Bien à vous, cher Mockel pour aujourd'hui et toujours.

Stefan Zweig

PS J'aurais grand plaisir de savoir, que vous feuilletez quelquefois dans mon livre. Lisez d'abord le « Verführer » à cause de notre controverse d'autrefois à Liège sur l'érotisme.

Une *Revue Française d'Allemagne* sera fondée à Berlin. J'ai sollicité votre collaboration et on m'a dit que vous avez reçu déjà une invitation. Je ne connais pas les fondateurs, mais l'idée inspire confiance et intérêt en tout cas.

---

(1) *Tersites, ein Trauerspiel in drei Aufzügen.*
(2) « Faire en sorte que toutes ses capacités se déploient au plus haut est l'unique but d'une vie. »

À Henry Van de Velde
Salzburg Kapuzinerberg 5
le 27 février 1932*

Mon cher et estimé Professeur – mais non, je ne puis vous appeler professeur, vous êtes plus que cela – combien je vous remercie pour les deux livres : superbe votre idée d'un musée des formes pures, à vrai dire, il faudrait composer une semblable anthologie de la littérature, qui ne ferait de place qu'à la perfection formelle, prose parfaitement achevée, poème pleinement abouti. Mais peut-être votre projet est-il trop modeste. Il faudrait fonder quelque part sur cette terre une petite ville soumise aux seules lois de l'esthétique, où rien ne serait asservi à une quelconque fin utilitaire, où il n'existerait de toutes choses que des exemplaires choisis, où l'humanité même serait représentée par un choix des formes les plus belles – une île alcyonienne au milieu de la grande mer de Béotie. Qu'il est beau, déjà, d'évoquer ces choses par la pensée ! Mais qu'il est plus beau encore de les voir prendre forme, de leur donner forme – en maître d'œuvre et en façonneur que vous êtes, disposant de toutes les ressources d'une vision, attendant seulement que se précise la réalité des commandes et des financements. J'ai longuement regardé les images de votre hôpital (1), il est admirable dans ses lignes et si j'attends encore quelque chose de l'architecture moderne, c'est qu'elle tire un meilleur parti architectonique de ce qui constitue une des forces de ce siècle : l'éclairage, qui, la nuit, lorsque s'estompent les contours des bâtiments, dessine encore en traits de lumière les grandes lignes des architectures. On n'est pas encore allé assez loin en ce sens, églises, maisons, salles de spectacles ne font assez appel à ces ressources, par lesquelles seules nous dépassons infiniment les Grecs et les Romains. Il faudrait que l'éclairage puisse exercer pleinement sa puissance décorative et, pour cela, que la source lumineuse s'efface devant la lumière elle-même, laissant à celle-ci sa valeur plastique de pur élément coloré.

N'oubliez pas notre projet russe ! À l'heure qu'il est, les conditions de vie doivent être bien dures là-bas, la crise tient le monde dans ses griffes, depuis l'Europe jusqu'aux steppes de l'Asie.

Cordialement et fidèlement vôtre

Stefan Zweig

---

* Lettre en allemand à Henry Van de Velde, peintre et architecte belge, traduite par Fabrice Van de Kerckhove.
(1) La Fondation M. J. Heinemann, hospice pour femmes juives que Van de Velde a construit dans les années 1929-1931 à Hanovre.

Pour une Europe de l'esprit

Par *Stefan Zweig*

En 1936, *Les Nouvelles littéraires* lancent une enquête sur l'esprit européen à partir de quatre questions. Les réponses de Stefan Zweig, que nous publions ici, parurent le 4 juillet 1936.

Existe-t-il un esprit européen ?

L'esprit européen existe, sans aucun doute, mais il est encore à l'état latent. Nous avons de cela la même certitude que l'astronome qui voit apparaître dans sa lunette un astre dont ses calculs lui ont révélé la présence. Bien que l'esprit européen ne se soit pas encore manifesté, nous savons avec une certitude mathématique qu'il existe.

L'intellectuel a-t-il un rôle à jouer ici ?

La tâche des intellectuels est de transformer cette force latente en force dynamique. Il leur faudrait paralyser les forces contraires qui s'y opposent. Tout d'abord le nationalisme, qui devrait être en Europe, et depuis longtemps déjà, un phénomène historiquement classé. Nous ne devons laisser passer aucune occasion de souligner que si le nationalisme, qui traduit l'existence de privilèges, existe, ne peut être nié comme tel, il est, dans l'ordre des valeurs, inférieur à l'Europe que nous devons réaliser. Dans cette tâche nous avons un puissant allié, la technique qui, d'année en année, rend les distances moins grandes. Il est de notre devoir d'agir dans le domaine spirituel et de travailler dans le même sens. Il est également de notre devoir de dire à chaque occasion notre foi dans l'union, qui sera un jour possible, de l'Europe, et nous ne devons pas négliger cela car toutes les réalisations naissent d'une foi.

L'Européen sera-t-il l'homme nouveau tel qu'il se manifeste en divers pays du continent?

On ne peut encore prévoir ce que sera l'Européen de demain. Mais au fur et à mesure de sa création, un rapprochement ne manquera pas de se faire entre lui et l'Américain. Quand nous aurons fait l'Europe, notre tâche ne sera pas terminée ; une nouvelle assimilation aux types spirituels des autres continents sera nécessaire. Nous ne devrons pas faire de l'Europe un nouveau nationalisme et devenir des Européens aussi bornés que le sont aujourd'hui les nationalistes de certains pays.

L'Europe sera-t-elle faite par les intellectuels ou naîtra-t-elle de certaines nécessités économiques?

L'Europe ne pourra se faire que par l'union des forces matérielles, économiques et spirituelles. Qu'est la force de l'esprit sinon la connaissance des besoins réels ? Que sont la philosophie et la poésie sinon les moyens d'exalter la vérité ? C'est en vue de cela que nous devons réunir toutes les forces et toutes les volontés qui travaillent à l'unité de l'Europe. Nous devons aujourd'hui exiger et montrer avec une force toujours nouvelle, dans tous les pays, dire dans toutes les langues et à toutes les classes, que notre but véritable est la réalisation de l'unité spirituelle, morale et politique de l'Europe.

5
Repères

CHRONOLOGIE

Par *Michelle Cayrol*

1881. Naissance à Vienne, le 28 novembre, de Stefan Zweig, deuxième fils de Moritz Zweig (1845-1926). Celui-ci, dont le père (Hermann Zweig, 1807-1884) et le grand-père (Michaël Lob Zweig, 1784-1831) étaient des commerçants, possède une usine de textile en Bohême.
« La famille de mon père était originaire de la Moravie [...]. Mon aïeul paternel avait fait le commerce des produits manufacturés. Alors débuta en Autriche, dans la seconde moitié du siècle, la grande expansion industrielle. Les machines à tisser et à filer importées d'Angleterre provoquèrent par leur exploitation rationnelle un prodigieux abaissement des prix comparés à ceux des produits du tissage à la main, et ce furent justement les marchands juifs, avec leurs dons d'observation commerciale et leur vue d'ensemble sur la situation internationale qui reconnurent les premiers en Autriche la nécessité et les avantages d'une transformation de la production industrielle. Ils fondèrent, le plus souvent avec des capitaux modestes, ces fabriques rapidement improvisées qui, d'abord, n'utilisèrent que la force motrice de l'eau et se développèrent peu à peu jusqu'à devenir cette puissante industrie textile de la Bohême qui domina toute l'Autriche et les Balkans. Aussi, tandis que mon grand-père, représentant d'une époque antérieure, ne servit que d'intermédiaire en faisant le trafic de produits terminés, mon père déjà s'avança résolument dans les temps nouveaux en fondant dans le nord de la Bohême, à l'âge de 30 ans, une petite tissanderie, qu'il agrandit au cours des années, lentement et prudemment, jusqu'à en faire une entreprise importante. » *(Le Monde d'hier)*
« Ma mère, née Brettauer, était d'une origine différente, plus internationale. Elle avait vu le jour à Ancône, dans l'Italie méridionale, et l'italien était sa langue maternelle aussi bien que l'allemand ;

chaque fois qu'elle parlait avec ma grand-mère ou avec sa sœur
et ne voulait pas être entendue des domestiques, elle adoptait l'italien. »
(Le Monde d'hier) Le frère de Stefan, Alfred, a deux ans de plus que lui.
1887-1892. Stefan Zweig fréquente l'école primaire. « À parler
franchement, tout ce temps passé à l'école ne fut pour moi qu'ennui
et dégoût, et qui s'exaspéraient d'année en année par l'impatience
d'échapper à cette galère... Nous avions à apprendre et à réciter nos leçons ;
jamais un professeur ne nous a demandé au cours de mes huit années
de collège ce que nous aurions personnellement souhaité d'étudier,
et nous étions privés de ces encouragements si profitables
auxquels aspirent en secret tous les jeunes gens. » (Le Monde d'hier)
1892-1900. Études secondaires. Il écrit déjà des poèmes.
Certains d'entre eux sont publiés dans des revues. « Ma poitrine
est comme une mer au repos/ Et sur les vagues silencieuses/ Arrivent
des sombres lointains/ Les rêves pareils à des mouettes. »
(Première strophe de l'un de ses premiers poèmes publiés, dans la revue
berlinoise Deutsche Dichtung, octobre 1898-mars 1899,
revue éditée par l'écrivain Karl-Emil Franzos. Le prénom du signataire
était orthographié Stephan). Après avoir obtenu son baccalauréat,
il effectue son premier voyage en France.
1900. Il commence des études de lettres à l'université de Vienne. En
octobre, il entre en correspondance avec le poète belge Émile Verhaeren
(1855-1916), qu'il avait commencé à lire alors qu'il était encore lycéen.
« Il avait été décidé depuis longtemps en conseil de famille
que j'étudierais à l'université. Mais pour quelle faculté me décider ?
Mes parents m'en laissaient le choix. Mon frère était déjà entré
dans l'entreprise industrielle de mon père, c'est pourquoi rien ne pressait
pour le second fils. Il ne s'agissait après tout que d'assurer à la famille
un titre de docteur. Lequel ? Cela importait peu. » (Le Monde d'hier)
1901. En février, il publie un article sur le poète Peter Altenberg
(1859-1919) dans la revue Stimmen der Gegenwart. Également un recueil
de poèmes chez un éditeur de Berlin, Cordes d'argent (Schuster & Loeffler).

Le journal viennois *Neue Freie Presse*, où le théoricien du sionisme Theodor
Herzl (1860-1904), auteur du livre *L'État des Juifs* en 1896, est responsable
des pages culturelles, lui consacre un article élogieux.
1902. Un récit, *La Marche*, paraît dans le journal *Neue Freie Presse*
le 2 avril, en première page.
Sur Theodor Herzl, en 1929 : « … je l'ai longtemps vénéré, à une époque
où le sionisme n'était guère aux yeux du monde intellectuel
qu'une idée brumeuse ». Il se rend en Belgique, rencontre le romancier
Camille Lemonnier, qu'il souhaite traduire, et fait, par hasard,
la connaissance d'Émile Verhaeren.
1902-1903. Durant un semestre, études à Berlin. Il s'y lie d'amitié,
notamment, avec l'artiste sioniste Ephraim Mosche Lilien (1887-1925).
D'autre part, il traduit des poètes, dont plusieurs de langue française.
Le journal *Neue Freie Presse* publie un article, le 12 octobre 1902,
qu'il consacre à Camille Lemonnier. Il publie un choix de poèmes
de Verlaine à Berlin (sous-titre : *Une anthologie des meilleures adaptations*) et,
en collaboration avec Camill Hoffmann, un choix de poèmes
de Baudelaire à Leipzig.
« Ce que je cherchais à Berlin, ce n'étaient ni des cours
ni des professeurs, mais une forme plus haute et plus parfaite encore
de la liberté […] Vienne, attachée aux vieilles choses, idolâtrant
son propre passé, adoptait une attitude prudente et se tenait dans
l'expectative à l'égard des jeunes gens et des expériences hasardeuses.
Mais à Berlin, qui voulait se développer rapidement et selon
son génie personnel, on recherchait la nouveauté. » *(Le Monde d'hier)*
1903. Voyage en Italie au cours de l'été, puis en Bretagne,
à l'île de Bréhat. En novembre, il est à Paris pour la première fois.
Il publie une monographie consacrée à Lilien et il est l'artisan
de la parution en allemand, dans une traduction de Paul Adier
qu'il préface, d'un roman de Camille Lemonnier, *L'Homme en amour*.
Publié à la fin de l'année, ce roman est aussitôt interdit en Allemagne
par la censure, interdiction qui soulève un scandale.

1904. Il termine sa thèse de doctorat sur la philosophie de Taine, la dépose à la faculté des lettres de Vienne le 7 avril (elle est restée inédite). D'autre part, son premier recueil de nouvelles est publié. Paraît aussi, dans sa traduction, un recueil de poèmes choisis d'Émile Verhaeren. Au cours de l'été, il fait des voyages à Paris et à Londres.
« Durant ces deux années que j'ai consacrées presque exclusivement à la traduction des poèmes de Verhaeren et à la préparation d'un ouvrage biographique sur le grand écrivain, j'ai beaucoup voyagé, pour une part afin de faire des conférences. Et j'eus une récompense inattendue de mon dévouement, qui ne m'en promettait aucune, à l'œuvre de Verhaeren ; ses amis de l'étranger furent rendus attentifs à ma personne et devinrent bientôt les miens. » *(Le Monde d'hier)*
1905. Il découvre l'Espagne et Alger. Un livre sur Verlaine. « Verlaine a traversé le monde comme un enfant, avec cette grande naïveté vraie qui est celle authentiquement de l'enfant, et que Schopenhauer relève comme l'un des traits de caractère les plus importants du génie. » *(Verlaine)*.
1906. Parution de son deuxième recueil de poèmes aux éditions Insel, à Leipzig *(Les Couronnes précoces)*.
Il passe quatre mois en Angleterre et traduit un essai d'A. G. Russell sur William Blake (éditions Julius Zeitler, Leipzig).
1907. Sa première pièce de théâtre, le drame en vers *Thersite*, paraît aux éditions Insel, à Leipzig. Également, un choix de poèmes de Rimbaud traduits par Karl Klammer pour lequel il a écrit une introduction. « Arthur Rimbaud serait déjà singulier par le seul fait de sa vie, par le brutal mépris de toute culture, par la manière dont il vient à bout de tout élément européen, par une vie purement instinctive au beau milieu des sphères de la morale, par son individualisme indomptable. Il est, de nos jours, un héros de la liberté intérieure. Un desperado de l'instinct... » *(Arthur Rimbaud, la vie et l'œuvre, 1907)*.
1908. Introduction à un choix de textes de Balzac. Article dans le journal *Neue Freie Presse* du 18 septembre sur *Réflexions*, un livre de Walther Rathenau (1867-1922), directeur de la Compagnie générale d'électricité

AEG et futur ministre sous la République de Weimar, assassiné
par des militants d'extrême droite. Premières représentations de *Thersite*,
en novembre, à Dresde et à Cassel.
1908-1909. Il entreprend, en novembre 1908, un voyage de cinq mois
en Asie (Inde, Ceylan, Birmanie), sur le conseil de Rathenau.
« L'Inde produisit sur moi une impression d'inquiétude et d'accablement
à laquelle je ne m'attendais pas. Je fus effrayé de la misère de ces êtres
émaciés, du sérieux sans joie que je lisais dans les regards sombres,
de la monotonie souvent cruelle du paysage et surtout de la séparation
rigide des classes et des races dont j'avais déjà observé un exemple
sur le bateau. » *(Le Monde d'hier)*
Parution en 1909 de sa traduction d'*Hélène de Sparte* d'Émile Verhaeren
(Insel, Leipzig).
1910. À son retour d'Asie, bref séjour à Paris, où il rencontre, entre
autres, Verhaeren et Rilke. Au cours de l'été, il rend visite à Verhaeren
en Belgique. Il publie un ouvrage sur lui et deux volumes de ses œuvres
aux éditions Insel. Il écrit par ailleurs une préface pour les œuvres
complètes de Dickens en traduction allemande.
« L'œuvre de Verhaeren me tomba de bonne heure entre les mains.
Pur hasard, pensai-je tout d'abord. Mais, je le sais depuis longtemps,
je dois cette rencontre à l'un de ces hasards qui, dans les moments
décisifs de la vie d'un homme, répondent à des besoins réels et peut-être
même innés. À cette époque j'étais encore au lycée et j'exerçais
dans des versions de français à la fois ma langue et mon talent poétique
encore gauche. J'avais déniché je ne sais où un des premiers livres
de Verhaeren, édité à Bruxelles par Lacomblez à trois cents exemplaires
seulement et devenu depuis longtemps une rareté pour les bibliophiles.
Non seulement cet ouvrage était l'un des premiers de l'écrivain belge,
mais celui-ci était lui-même encore inconnu pour la plupart des gens. »
(Souvenirs et rencontres)
Premier contact épistolaire avec Romain Rolland (lettre du 1er mai),
auquel il a envoyé son *Verhaeren*.

1911. Voyage en Amérique (New York, le Canada, Cuba, etc.).
Publie un recueil de quatre nouvelles (*Première expérience*). « L'Amérique était pour moi Walt Whitman, le pays des rythmes nouveaux, de la fraternité universelle à venir ; je relus avant de partir les longs vers sauvages coulant en cataracte du grand "Camerado" et j'abordai ainsi à Manhattan avec un sentiment ingénu et fraternel au lieu d'affecter l'orgueil ordinaire des Européens. » *(Le Monde d'hier).*
Première visite à Paris à Romain Rolland.
1912. En mars, il organise une tournée de conférences pour Verhaeren en Allemagne et à Vienne. Dans le journal *Neue Freie Presse* du 12 juin, il consacre un article à l'ouvrage de Rathenau *De la critique de notre époque*. Au célèbre Burgtheater, à Vienne, première de son drame *La Maison au bord de la mer* le 26 octobre.
D'autre part, il fait la connaissance de Friderike von Winternitz, âgée de 30 ans, mariée, mère de deux filles (Alix et Suse), écrivain : elle aspire à une vie plus libre, et des relations intellectuelles s'engagent entre eux. Née Burger d'un père juif et d'une mère catholique, elle est elle-même catholique et ne porte aucun intérêt au judaïsme.
« Être joué au Burgtheater était le rêve suprême de tout écrivain viennois, parce que cela vous conférait une espèce de noblesse viagère et comportait toutes sortes de distinctions honorifiques, telles que des entrées gratuites la vie durant et des invitations à toutes les manifestations officielles ; on était devenu l'hôte d'une maison impériale, et je me souviens encore de la solennité qui accompagna ma propre admission. » *(Le Monde d'hier)*
1913. Voyage à Paris, où il arrive le 3 mars et reste six semaines. Il rend visite à Verhaeren à Saint-Cloud. Par son intermédiaire, il se lie avec Léon Bazalgette (1873-1929), poète, essayiste et traducteur de Walt Whitman. Il rencontre aussi Auguste Rodin, Henri Guilbeaux, Georges Duhamel, Jean-Richard Bloch, Romain Rolland. Celui pour lequel il a le plus d'amitié est Bazalgette, qui d'ailleurs ne mâche pas ses mots pour lui dire qu'il n'aime pas beaucoup ce qu'il écrit.

Travaillant régulièrement à la Bibliothèque nationale, il entretient aussi
des relations d'amitié avec son directeur, Julien Gain.
D'autre part, il a une liaison avec une jeune modiste, Marcelle.
Il termine la première partie d'un essai sur Marceline Desbordes-Valmore.
Paraissent sa traduction du livre de Verhaeren sur Rubens et sa nouvelle
Brûlant secret aux éditions Insel (Leipzig).
1914. Fin mars, il est à Paris, où il retrouve Marcelle. Mais Friderike
a obtenu de son mari l'autorisation de se séparer de lui,
et elle rejoint Zweig à Paris. Elle lui demande de rompre avec Marcelle.
Il se résigne à cette rupture et rentre avec Friderike à Vienne.
L'ordre de mobilisation générale surprend Zweig en Belgique,
alors qu'il s'apprête à rencontrer Verhaeren. D'Ostende, il part aussitôt
pour Vienne, où il arrive le 31 juillet. Incorporé le 12 novembre
dans l'armée autrichienne, il est affecté début décembre au service
des archives militaires.
Le patriote Zweig écrit un article, « Parole d'Allemagne »,
qui est publié le 1er août dans le journal *Neue Freie Presse* : « Il n'y a pas
d'autre façon de penser à l'Allemagne qu'en lui accordant une confiance
totale et sans condition. »
Autre article, « Le monde sans sommeil », dans le même journal
le 18 août 1914 : « Une nouvelle paix – oh, aujourd'hui encore ses ailes
claires brillent bien loin à travers la poussière et la fumée de la poudre
– rétablira l'ancien rythme de la vie, travail le jour et repos la nuit... »
Le 19 septembre 1914, dans le *Berliner Tageblatt*, paraît l'article
« À mes amis de l'étranger » : « Notre amitié est vaine aussi longtemps
que nos peuples sont en armes, mais elle sera deux fois plus précieuse
après cette grande guerre. [...] À l'heure des actes il convient de se taire.
Ne m'oubliez pas, à cause des devoirs que nous devons remplir,
de même que je vous suis davantage fidèle qu'il n'y paraît. Adieu, vous
mes amis, adieu, vous mes compagnons de l'étranger, adieu, adieu ! »
Lettre de Romain Rolland envoyée de Vevey (Suisse)
le 28 septembre à Zweig : « Je suis plus fidèle que vous à notre Europe,

cher Stefan Zweig, et je ne dis adieu à aucun de nos amis. »
« J'écrivis un article, "À mes amis de l'étranger", où je m'engageais, en opposition directe et abrupte avec les fanfares de haine des autres, à rester fidèle à mes amis de l'étranger, bien que toute relation fût actuellement impossible, afin que nous puissions à la première occasion travailler en commun à la reconstruction d'une culture européenne. Je renvoyai au journal le plus lu d'Allemagne. À ma grande surprise le *Berliner Tageblatt* n'hésita pas à l'insérer sans y faire de coupures. Un seul membre de phrase – "même si nous remportions la victoire" – tomba sous les ciseaux de la censure, parce que le moindre doute relativement à la certitude absolue d'une victoire allemande n'était pas toléré dans ce temps-là. » *(Le Monde d'hier)*

1916. Parution en traduction française dans la revue *Le Carmel* (livraisons d'avril et de mai) que dirige à Genève Charles Baudoin d'un texte intitulé *La Tour de Babel*, publié à Berlin le 8 mai dans le journal *Vossische Zeitung* :
« L'heure d'une action commune n'est pas encore venue, le trouble que Dieu a jeté dans les âmes est encore trop grand et des années passeront peut-être avant que les frères d'autrefois ne se remettent à concevoir, dans un esprit de paisible rivalité, une œuvre contre l'infini.
Nous devons cependant revenir sur le chantier, chacun à l'endroit où il l'a abandonné au moment où s'abattait la confusion... »

1917. Il achète une maison à Salzbourg, et vit avec Friderike von Winternitz. Il écrit un drame pacifiste, *Jérémie*, qui paraît aux éditions Insel. Le 5 novembre, il obtient une permission de deux mois pour une tournée de conférences en Suisse, à l'occasion de la représentation prévue à Zurich de *Jérémie*. Il quitte l'Autriche avec Friderike le 13 novembre. Il rend visite à Hermann Hesse, puis à Romain Rolland à Vevey le 21 novembre.
« Quand, à Pâques 1917, ma tragédie de *Jérémie* parut en librairie, j'eus une surprise. Je l'avais écrite dans un état de résistance acharnée à mon temps et je devais m'attendre aussi à une opposition acharnée. Ce fut le contraire qui se produisit. [...] Que s'était-il passé ?

Rien, sinon que la guerre durait depuis déjà deux ans et demi ;
le temps avait fait son œuvre de cruel dégrisement. » *(Le Monde d'hier)*
1918. Il fréquente les milieux pacifistes, tous les intellectuels étrangers
qui ont émigré à Genève. Il fait notamment la connaissance du peintre
Frans Masereel, du poète Pierre Jean Jouve. Il commence à traduire
le *Clerambault* de Romain Rolland, et son drame *Le temps viendra*.
Sa propre pièce, *Jérémie*, est donnée à Zurich à partir du 27 février.
À la fin de l'année, une autre de ses pièces, *Légende d'une vie*,
est représentée à Hambourg.
« Ce que Rolland, par son attitude courageuse et indépendante, a donné
à ses amis et à d'innombrables compagnons invisibles est inestimable.
Ce fut avant tout un exemple pour tous ceux qui étaient bien du même
avis que lui mais se trouvaient dispersés dans quelque recoin d'ombre,
et auxquels il fallait d'abord ce point de cristallisation pour qu'ils
façonnent et épurent leur âme. Par sa ferme attitude qui faisait honte à
tout homme plus jeune, cette existence modèle constitua un merveilleux
encouragement pour ceux précisément qui ne se sentaient pas
encore sûrs d'eux-mêmes ; en sa présence, nous étions tous plus forts,
plus libres, plus vrais, sans préjugés ; ce qu'il y avait d'humain en nous
flambait, purifié par son ardeur, et nous étions unis par quelque chose
de plus qu'une même pensée, par un désir passionné d'élévation,
de fraternisation poussé parfois jusqu'au fanatisme ». *(Romain Rolland)*
1919. Il rentre en Autriche et s'installe avec Friderike à Salzbourg.
« Je vis depuis des années dans une situation irrégulière (mais une
situation qui est très équilibrée) avec Mme von Winternitz, à qui mon
Jérémie est dédié et dont paraît chez Fischer un formidable grand roman.
Comme son divorce a eu lieu catholiquement, tout deuxième mariage
était pour elle de la bigamie et tombait sous le coup de la loi. Alors,
nous avons attendu patiemment jusqu'à l'effondrement de cette bonne
vieille Autriche. » (Lettre à son éditeur Anton Kippenberg de février 1919)
1920. Friderike, qui a divorcé de son premier mari, devient officiellement
sa femme : leur mariage a lieu en janvier. Il publie sa biographie

de Marceline Desbordes-Valmore et *Trois maîtres*, sur Balzac, Dickens et Dostoïevski. À la fin de l'année paraît sa biographie de Romain Rolland. « Pour venir en aide à toute une génération, il a suffi à Rolland de montrer en pleine lumière, des hauteurs de son isolement, comment un homme, par sa fidélité à l'idée qu'il a une fois reconnue vraie, peut la rendre vivante en tous temps. Son conseil véritable n'est pas dans des paroles mais dans des actes, dans la pureté, la moralité d'une existence modèle. » (*Romain Rolland*)

1922. Il publie *Amok, nouvelles d'une passion* (éditions Insel) et sa traduction du *Clerambault* de Romain Rolland (éditions Rütten & Loening, Francfort-sur-le-Main).

1924. Il édite et présente, aux éditions Rikola, un choix de textes de Chateaubriand, sous le titre *Récits romantiques*.
Il rassemble ses poèmes, qu'il publie aux éditions Insel.

1925. Un volume d'essais, *Le Combat avec le démon*. Également un recueil de nouvelles, *La Confusion des sentiments*. Romain Rolland lui écrit, après réception du livre (lettre du 20 septembre 1926) : « Je ne veux pas attendre une minute pour vous dire combien ce livre me plaît, et comme je l'admire. Jamais (je reprends une de vos formules) vous n'avez été plus objectif, plus vivant et plus humain. Votre art et votre compréhension des âmes ne cessent de grandir. Les trois nouvelles sont de premier ordre, et remarquablement variées, non seulement comme sujet, mais comme atmosphère morale. Celle que je préfère est la première : les 24 heures de la vie d'une femme. C'est un chef-d'œuvre. Je suis absolument certain que ces pages vous survivront, et qu'elles sont appelées à un succès universel… » En novembre, bref séjour à Marseille : il y travaille à une adaptation du *Volpone* de Ben Jonson.

1926. Conférences de Zurich à Hambourg et Berlin du 24 janvier au début février. Mort de son père début mars à Vienne. Voyage dans le Midi de la France avec Friderike en avril, puis il est à Paris, où il rencontre Marcel Martinet et Masereel. *Volpone* connaît le succès à Vienne début novembre et paraît en volume. Représentations à Dresde et à Berlin.

1927. Succès remarquable avec le recueil de nouvelles *La Confusion des sentiments*. Commence en mai un essai sur Tolstoï. Selon une lettre d'octobre à Romain Rolland, il voit l'auteur de *Guerre et paix* comme un « saint » manqué, à la volonté forte mais « hésitant devant l'action », et qui en souffre. Le 6 novembre, première de *Volpone* à Vienne, au Burgtheater. Des représentations vont suivre à Dresde et Berlin.
1928. Publication de *Trois poètes de leur vie* : *Casanova, Stendhal, Tolstoï*. Invitation en Union soviétique pour le centenaire de la naissance de Tolstoï. Il s'y rend en septembre.
« Les quinze jours que je passai en Russie soviétique s'écoulèrent dans un état constant de haute tension. On voyait, on entendait, on admirait, on était rebuté, on s'enthousiasmait, on s'irritait, c'était une perpétuelle douche écossaise alternativement brûlante et glacée. » *(Le Monde d'hier)*
En octobre, dans la revue *Neue Rundschau*, publie de façon plutôt inattendue un article élogieux sur James Joyce.
Le 23 novembre, première de *Volpone* à l'Atelier, à Paris, dans la mise en scène de Charles Dullin. L'adaptation est signée de Jules Romains : « J'ai fait, dira plus tard celui-ci, comme si le *Volpone* de Zweig était un manuscrit de moi, précédemment achevé, et que j'aurais laissé dormir un ou deux ans. J'ai recommencé à l'écrire. »
Zweig : « Le *Volpone* figure maintenant dans les Œuvres dramatiques de Jules Romains. Je suis réduit à un petit et presque introuvable "en collaboration". C'est comme si je mettais *Le temps viendra* [de Romain Rolland, pièce qu'il a traduite en allemand] entre mes œuvres dramatiques! Heureusement, cela m'amuse, un autre aurait crié sur les toits que le *Volpone* de Jules Romains n'est qu'une toute simple traduction sans une scène, un personnage, un mot ajoutés, seulement un peu raccourcie (travail de régisseur). »
(Lettre du 18 décembre 1933 à Romain Rolland)
1929. Parution de l'essai *Joseph Fouché*.
Par ailleurs, un recueil de nouvelles, *Petite chronique*.
Mort de Hugo von Hofmannsthal : il lui rend hommage au Burgtheater.

« Chaque jour nous constatons encore que, dans le jeu ambigu
et souvent criminel de la politique, auquel les peuples confient toujours
avec crédulité leurs enfants et leur avenir, ce ne sont pas des hommes
aux idées larges et morales, aux convictions inébranlables
qui l'emportent, mais ces joueurs professionnels que nous appelons
diplomates – ces artistes aux mains prestes, aux mots vides et
aux nerfs glacés. » *(Joseph Fouché)*
Dans une lettre du 23 mars, rédigée en français, il écrit à Romain
Rolland : « Il y a de quoi se dégoûter! Il y a même beaucoup : j'ai vu
la Belgique, bête et lourde, la Hollande qui s'ennuie dans sa richesse,
Berlin ce grand tourbillon de luxe, de travail frénétique et d'orgueil
et j'ai une nostalgie de la Russie, seul pays vraiment tendu et passionné
dans notre Europe dominée et étouffée par l'argent. »
Mais dans une nouvelle lettre du 28 décembre, suite à des informations
reçues de Gorki sur la situation difficile des « intellectuels russes »
qui ne peuvent voyager hors de l'Union soviétique et s'y trouvent ainsi
comme dans une « prison », il nuance sa position : « Bénissons-nous
que nous avons plus de liberté et profitons de ce trésor! »
1930. En février, il voyage en Italie et rend visite à Gorki en train
de se reposer à Sorrente. De retour à Salzbourg, il écrit à Romain Rolland
le 18 février 1930 : « Nous n'avons pas aimé pendant la guerre les gens
qui voulaient toujours envoyer les autres au front – et si [Panaït] Istrati
demande pourquoi Gorki ne [sic] reste et ne combat pas en Russie contre
le gouvernement, on pourrait le [sic] demander pourquoi lui ne [le] fait
pas en Roumanie. Gorki sait bien que tout le monde veut de lui
qu'il donne témoignage : les Soviets, qu'il se déclare pour eux
et approuve tout, les autres qu'il désapprouve tout. Lui se tait,
mais qui comprend, comprend aussi son silence : on ne désavoue pas
publiquement son propre enfant, même quand il a mal tourné. »
Le 2 juin, il déplore auprès de Romain Rolland les progrès
de la « réaction » en Europe, et la tendance des journaux à tourner
« le gouvernail à droite ». Il dénonce une « conspiration contre la Russie »,

les industriels ne pouvant supporter que « ce grand morceau du monde » échappe à leurs possibilités commerciales : « Je me suis habitué de [sic] regarder dans tous [sic] les questions l'argent comme la vraie force motrice et je trouve malheureusement que rarement un autre motif ait encore place auprès de celui-ci. »

1931. Il séjourne en France. Il rencontre notamment son compatriote Joseph Roth au Cap d'Antibes. Il publie *La Guérison par l'esprit*, travaille à son livre sur Marie-Antoinette et commence un roman qu'il abandonnera bientôt (ce sera le roman posthume *Ivresse de la métamorphose*). Dans une lettre à Romain Rolland du 20 mai, il se dit « saisi d'une certaine mélancolie morale » devant « la stupidité politique et sociale de notre Europe », une Europe qu'il pense orientée vers le suicide par les constantes querelles internes des divers gouvernements et par l'obstination des démocraties occidentales à ne pas reconnaître « le triomphe de la Russie ». Sa « haine contre la politique officielle est devenue une espèce de fureur » et il envisage de publier une brochure polémique. Mais en même temps il ne peut accepter la politique soviétique qui consiste à vouloir « réglementer la création ». Voilà qui lui semble « la grande faute qu'ils commettent là-bas ». Le 8 juin, il propose à Romain Rolland d'élaborer un manifeste contre la politique de la Société des nations. À son avis, un tel manifeste serait efficace. Il pourrait être signé par Einstein, Freud, les frères Mann, etc. Romain Rolland lui répond de Zurich, le 10 juin, qu'il croit inutile de s'en prendre maintenant à la Société des nations, alors que dès sa création elle est apparue comme « une machine d'hypocrisie au service des grandes puissances » et qu'il l'a dénoncée aussitôt en tant que telle. Le 31 octobre, lettre de Richard Strauss, qui lui propose d'écrire un livret pour l'un de ses opéras : « Puis-je avouer peut-être ce que j'aimerais avoir de l'auteur de *L'Agneau du pauvre*, de *Volpone* et du magnifique *Fouché* ? Il me manque, parmi les femmes représentées dans mes opéras, un type que j'aimerais à la passion porter à la scène : celui de la femme escroc, ou de la grande dame espionne. Je continue d'avoir, à vrai dire,

un enthousiasme très vieux jeu pour le *Verre d'eau* de Scribe et la *Dernière lettre* de Sardou, et je ne partage pas l'opinion de Hofmannsthal selon laquelle une pièce spirituelle à intrigue n'est plus possible. »
1932. Il s'inquiète d'une éventuelle agression du Japon contre l'Union soviétique. Le 13 avril, il écrit à Romain Rolland que « la folie règne partout », et particulièrement en Allemagne, où il est insulté dans la presse en raison de ses positions contre le fascisme et de son refus de vilipender publiquement l'Union soviétique.
Le 16 juillet, il s'en prend aux querelles entre socialistes et communistes, qui font le lit du nazisme au lieu de s'unir. Le 23 juillet, il juge « insensé » la politique des socialistes et prévoit « qu'ils crèveront avec les communistes, après avoir creusé leur tombeau ».
Le 20 octobre, il écrit qu'il est dégoûté par la politique et le triomphe de la bureaucratie partout : il se dit « las de la bêtise qui se ressemble odieusement dans les divers pays ». Même en Russie, ajoute-t-il, « il y a des revirements dans la politique qui m'inspirent peu de confiance ».
En novembre, il voyage en Alsace et rend visite à Albert Schweitzer à Günsbach. Le 18 décembre, il manifeste à Romain Rolland son désespoir devant l'évolution de l'Europe : « Pour moi tout ce qui se passe politiquement aujourd'hui est pure folie : élections hitlériennes ou socialistes ne changeront rien. Le fond est pourri... »
Publication de l'essai de Jean-Richard Bloch *Destin du siècle* (Paul Zsolnay Verlag, traduction de Paul Amman) pour lequel il a écrit une préface.
1933. Le 4 février, dans sa correspondance avec Romain Rolland, il exprime sa crainte d'une nouvelle guerre, déclenchée par l'Allemagne nazie contre l'Union soviétique.
Le 23 février, il dénonce « la tergiversation de la France », qui ne se croit pas menacée par Hitler, à se réconcilier avec la Russie. Un traité franco-soviétique contribuerait, selon lui, à sauver « la liberté du monde ».
Le 26 février, il revient sur la victoire nazie : elle a été en partie provoquée, explique-t-il, par « la grande faute de Moscou » depuis deux ans, l'Union soviétique n'ayant pas « compris le danger ».

En s'en prenant à la social-démocratie et à la démocratie tout court,
« les communistes ont fait [du] bon travail pour les nationalistes ».
Romain Rolland s'étonnant qu'un très grand nombre d'intellectuels
ne se rassemblent pas, en Allemagne, pour protester contre les « actes
de fascisme littéraire », Stefan Zweig répond le 2 mars que seuls les Juifs,
ou presque, se manifesteraient dans le cas d'une telle protestation.
Ce serait une nouvelle occasion de triomphe pour « l'autre parti ».
C'est pourquoi personnellement il se tait. D'ailleurs la publication
de cette protestation dans un journal de langue allemande lui paraît
impossible pour deux raisons :
1) les peines de prison encourues par les signataires ;
2) la soumission des directeurs de journaux, « qui ont peur de perdre
leurs abonnements en Allemagne par une interdiction ». Pour lui,
« aucun espoir – la partie est perdue pour dix ans par la faute
des socialistes en Allemagne, par la faute de Moscou, qui a combattu
l'union des travailleurs, et par la volonté inconsciente de l'Allemagne
qui aime l'ordre plus que la liberté ».
Conférence le 7 mars à Berne. Rencontre de quelques écrivains
allemands émigrés (Alfred Döblin, Max Hermann-Neisse, Ernst Toller)
qui lui apprennent, écrit-il à Friderike le 9 mars, qu'en Allemagne
« les articles calomnieux contre les écrivains juifs se répètent chaque
jour avec une violence renouvelée ».
Ensuite il rend visite à Romain Rolland, alors à Montreux.
Le 26 avril, il écrit à Romain Rolland que l'idée de vivre dans une crainte
perpétuelle, pourchassé par les nazis, lui est insupportable.
Ses livres sont jetés au feu par les nazis lors de l'autodafé du 10 mai
organisé dans toutes les grandes villes allemandes. Lettre du 11 mai
à Franz Servaes : « Cette fête qui a été organisée avec mes livres
a malheureusement suscité à l'étranger plus de bruit que je ne pouvais
m'y attendre. Mais j'aurais bien renoncé, pour ma part, à cette publicité.
Vous savez que je suis un homme à qui rien n'importe davantage
que le silence. »

Lettre à Romain Rolland le 10 juin : « J'ai hésité longtemps.
Mais maintenant je suis décidé de [sic] quitter tout, ma maison,
mes livres, mes collections. Je n'ai plus l'ancienne joie de ces choses,
je sens que tout ce qu'on possède a une force de diminuer la liberté
intellectuelle et personnelle. »
Il reçoit à Salzbourg René Lévy, qui publie dans l'hebdomadaire *Monde*
du 30 septembre un long entretien avec lui où il dénonce Hitler
et le nazisme : « ... La supériorité d'une seule race ou d'une seule nation
sur toutes les autres est une lamentable régression. »
Mais en octobre pour « protéger » leurs éditeurs restés en Allemagne,
Thomas Mann, Alfred Döblin, René Schickele et Zweig se désolidarisent
de l'activité politique antifasciste menée par Klaus Mann avec sa revue
Die Sammlung.
À partir du 20 octobre, premier long séjour de Zweig à Londres.
Constate, pour se rassurer sur l'avenir, qu'il est capable de fréquenter
la bibliothèque du British Museum comme un éternel étudiant.
1934. Il assiste à Vienne aux manifestations de février,
aux « canonnades » contre les ouvriers, et rentré à Salzbourg il est décidé
à émigrer. À la suite de ces manifestations, sa maison est inspectée
sous prétexte que des armes pourraient s'y trouver cachées.
Sa décision de quitter l'Autriche pour Londres est prise. Sa femme
Friderike reste à Salzbourg.
Parution de son livre sur Érasme, et début de son travail sur Marie Stuart.
À Londres, une jeune émigrée allemande, Lotte Altmann, est devenue sa
secrétaire. Pour cette fonction, elle a été choisie par Friderike elle-même.
Elle est née en 1908 en Haute-Silésie, à Katovice, et elle a quitté
l'Allemagne avec son frère Manfred en 1933. Elle souffre d'asthme
depuis son enfance et elle est d'une humeur mélancolique.
1935. Séjour à Nice avec Friderike. Il y termine *Marie Stuart*.
Puis il est invité aux États-Unis pour une tournée de conférences.
Ensuite, une dizaine de jours à Londres, et retour en Autriche.
Du 10 mai à la mi-août séjourne à Zurich.

En juin, l'opéra de Richard Strauss *La Femme silencieuse* est donné
à Dresde, et il est rapidement interdit : Zweig est l'auteur du livret, et
les nazis ne tolèrent plus que des auteurs juifs soient portés à la scène.
Séjour à Marienbad avec Friderike dans la deuxième quinzaine d'août.
Retour fin août à Salzbourg, puis il se rend à Vienne pour voir sa mère.
Le 18 septembre, il part à nouveau en Suisse (Zurich, Montreux,
Genève, Lausanne). Le 25 septembre, il est pour trois jours à Paris,
où il rencontre Masereel et Roth. Le 29 septembre, il est à Londres,
qui devient son lieu de résidence.
1936. Séjour à Nice en janvier, avec Friderike. Retour à Londres
le 6 février, où il rencontre André Chamson en mars.
En mai, parution de *Castellion contre Calvin*, où Zweig constate des erreurs
et fait procéder à une réimpression après correction.
Il est à Ostende en juillet, où il rencontre Roth.
Départ pour l'Amérique du Sud le 7 août (embarquement à Southampton
sur *L'Alcantara*), arrivée à Rio de Janeiro le 21 août. Premier voyage
au Brésil, où il est accueilli triomphalement et où il est émerveillé.
Il y reste douze jours. Puis il embarque pour l'Argentine afin de participer
au congrès des Pen Clubs à Buenos Aires. Georges Duhamel, l'un des
représentants, avec Jules Romains, de la section française des Pen Clubs,
donne de lui ce portrait (*Le Livre de l'amertume*) : « Il est au comble
du succès et tout en lui le manifeste. Il mange, boit et fume sans mesure.
Il a quitté sa femme et sa maison, vendu certains des manuscrits
de sa collection et pas mal de ses livres. » Retour à Londres en octobre.
« Éternellement se vérifie cette malédiction de toutes les idéologies
religieuses et politiques qu'elles dégénèrent en tyrannies dès qu'elles
se transforment en dictatures. Mais dès qu'un homme ne se fie plus
à la force immanente de sa vérité et fait appel à la violence brutale,
il déclare la guerre à la liberté humaine. Quelle que soit l'idée
dont il s'agisse, à partir du moment où elle recourt à la terreur pour
uniformiser et réglementer d'autres convictions, elle n'est plus idéal
mais brutalité. Même la plus pure vérité, quand on l'impose

par la violence, devient un péché contre l'esprit. » (*Castellion contre Calvin*)
Fin novembre-début décembre il lit le *Retour de l'URSS* de Gide.
À Romain Rolland, dans une lettre du 5 décembre : « Mon cher ami, depuis longtemps je voulais vous écrire. Mais le dégoût devant les événements est si grand que je n'avais aucun courage... »
Il se réjouit du livre de Gide. En effet, il n'a jamais pu, dit-il à son ami, le suivre dans son acceptation globale de la politique soviétique, et il le lui a déjà fait savoir. Le « stalinisme », cette « nouvelle religion », s'est mis à fausser le « bolchevisme », exactement comme « la religion catholique, le christianisme des premiers chrétiens ».

1937. En Italie pour travailler, avec Lotte Altmann, à son *Magellan*, fin janvier et début février (cinq semaines). Ensuite Zurich et retour à Londres. En mai à Vienne. La maison de Salzbourg est vendue. I
l fait une brève cure à Marienbad en juillet. Dernier séjour commun avec Friderike à Lucerne, puis visite commune de l'Exposition universelle à Paris. C'est ensuite leur séparation définitive. Parution de plusieurs livres de Zweig à Vienne, notamment du roman *Impatience du cœur* (en français, *La Pitié dangereuse*).

Lettre du 12 mai 1937 à Friderike, envoyée de Vienne : « Je sais, soit dit sans vanité, que tu vas souffrir de ne plus m'avoir – mais tu ne perds pas grand-chose. Je ne suis plus celui que j'étais, je suis devenu un misanthrope entièrement replié sur lui-même, à qui seul le travail apporte quelque joie. Tu vois de combien de choses je me suis séparé, et je sais aussi que c'est ma faute si le silence et le vide se font autour de moi ; le coup que nous a porté l'Allemagne nous a touchés plus profondément que tu ne le penses, et tout ce qui est fête, plaisir, m'est devenu étranger, n'est plus qu'une ombre fantomatique... »

1938. À partir de janvier, Friderike réside à Paris avec sa plus jeune fille, Suse, qui travaille comme photographe. Elle va y rester jusqu'à l'arrivée imminente des troupes allemandes.
Lui-même se rend en janvier avec sa nouvelle compagne, Lotte Altmann, au Portugal, toujours pour sa biographie de Magellan.

Invasion par les troupes allemandes et annexion de l'Autriche le 13 mars. Émigration de son frère, qui a la nationalité tchécoslovaque, à New York. Mort de sa mère en août à Vienne : il ne peut assister à ses obsèques. En décembre, il se rend aux États-Unis, pour une tournée de conférences. Son divorce est prononcé la veille de Noël.

1939. Succès de *La Pitié dangereuse* en Angleterre. Le 27 mai, Joseph Roth meurt à Paris à l'hôpital Necker. Zweig prononce à Londres le discours funèbre en son honneur, à l'occasion de l'hommage qui lui est rendu par la petite communauté autrichienne. En juillet, il élit domicile à Bath avec Lotte Altmann.

Le 23 août 1939, il dit à Romain Rolland sa consternation devant la signature du pacte germano-soviétique : « Maintenant, les Juifs ont le droit d'acclamer Hitler et de l'embrasser... »

Lettre du 10 septembre : « Je ne vois pas d'issue dans cet affreux gâchis... »

Il épouse Lotte Altmann à Bath, où il achète une maison.

Le 26 septembre, discours à Londres en hommage à Freud, sur sa tombe. « De toutes les énigmes de l'existence, aucune n'importe autant à l'homme d'aujourd'hui que la révélation de son être et de son propre développement, que les conditions spéciales et les particularités uniques de sa personnalité. Freud a ramené à ce centre de vie intérieure la science psychique devenue abstraite. » (*Sigmund Freud*)

1940. Il reçoit en mars la nationalité britannique. En avril, sur un arrangement de Friderike et de Julien Gain, il tient une conférence à Paris, « La Vienne d'hier ». En juillet, il part pour New York avec sa femme. Puis tournée de conférences au Brésil, en Argentine, en Uruguay, et retour en décembre à New York.

Il a été surpris de l'énorme succès de ses livres au Brésil. Son ami Ernst Feder a d'ailleurs pu juger de ce succès à partir de sa propre expérience : « Je ne suis jamais entré dans une maison brésilienne, que le maître du logis possède une bibliothèque de quelques douzaines ou de quelques milliers de livres, sans que son œuvre n'y soit représentée par plusieurs volumes. » Friderike a pu se réfugier à Montauban trois jours

avant l'arrivée des Allemands à Paris. Elle obtient pour elle-même,
ainsi que pour ses filles et ses gendres, un visa pour le Mexique.
Ensuite, à Marseille, ils sont tous autorisés à partir pour les États-Unis.
1941. D'Amérique du Sud, Zweig rentre avec Lotte à New Haven
(Connecticut), où il travaille à la bibliothèque de l'Université Yale.
Il publie *Brésil, terre d'avenir* (en portugais au Brésil et au Portugal,
en allemand à Stockholm, et en anglais à New York). Il commence
son livre *Amerigo, histoire d'une erreur historique* (publication posthume
en 1942 en anglais, et en 1944 en allemand à Stockholm).
En avril, il loue une villa à Ossining, dans l'Etat de New York,
où il achève, dans ses grandes lignes, son autobiographie.
Il soutient l'activité du comité d'aide aux réfugiés (*Emergeny Rescue
Committee*) dont s'occupent Frank Kingdon, Hermann Kesten et
Erika Mann. Lors de la fondation d'un Pen Club européen en Amérique,
destiné aux écrivains émigrés en provenance d'Europe, il lit le 15 mai
un message de solidarité devant plus d'un millier de personnes.
Son texte est publié le lendemain dans la revue des émigrés de langue
allemande *Aufbau* (New York), sous le titre « En cette heure sombre ».
Le 29 juin, dans le *Chicago Sunday Tribune*, paraît *The Debt*, longue nouvelle
en anglais qu'il semble avoir écrite au début de l'année.
Sa version originale allemande, intitulée *La Dette tardivement payée*,
n'a été publiée qu'en 1951.
En août, il s'embarque avec sa femme pour le Brésil. Ils passent
quelques semaines à Rio et s'installent le 17 septembre à Petrópolis,
où ils louent un petit bungalow. C'est l'époque où il écrit la nouvelle
Le Joueur d'échecs ainsi que le *Montaigne*. De plus, il met définitivement
au net ses souvenirs, *Le Monde d'hier.*
L'état dépressif de Stefan Zweig empire. Le développement de la guerre,
en décembre l'attaque de Pearl Harbour notamment, l'enfonce dans
le pessimisme. « Avant tout il faut retrouver l'équilibre et combattre
la fatigue morale qui m'a envahi les derniers mois. Je suis plus européen
que je le croyais. » (Lettre du 2 septembre 1941 à Jules Romains)

1942. Alors qu'il assistait au carnaval de Rio, il apprend la chute de Singapour. Effondré, il rentre aussitôt avec sa femme à Petrópolis et décide leur suicide commun. Le temps de régler quelques affaires, et ce suicide a lieu le 22 février.
« Comment sauvegarder mon âme la plus profonde et sa matière qui n'appartient qu'à moi, mon corps, ma santé, mes pensées, mes sentiments, du danger d'être sacrifié à la folie des autres, à des intérêts qui ne sont pas les miens ? C'est à cette question et à elle seule que Montaigne a consacré sa vie et sa force. C'est pour l'amour de cette liberté qu'il s'est observé lui-même, surveillé, éprouvé et blâmé à chacun de ses mouvements et chacune de ses sensations. Et cette quête qu'il entreprend pour sauver sa liberté, à un moment de servilité universelle devant les idéologies et les partis, nous le rend aujourd'hui plus fraternellement proche qu'aucun autre artiste. » *(Montaigne)*
Une lettre d'adieu a été écrite par Lotte à sa belle-sœur. Elle justifie le choix du suicide, la mort étant une libération pour Stefan
 « qui a souffert comme il l'a fait toutes ces années avec tous ceux qui souffrent de la domination nazie » et pour elle aussi, avec son asthme continuel. Zweig a ajouté de sa main quelques phrases où il explique qu'à 60 ans il ne peut plus vivre cette « vie d'errance », cette « vie provisoire » loin de chez lui et loin de ses amis.
Un autre message a été laissé par Zweig, en allemand, à l'intention des autorités brésiliennes : « Avant de quitter la vie par ma libre volonté et en toute lucidité, j'éprouve le besoin de remplir un dernier devoir : remercier profondément le Brésil, ce merveilleux pays qui m'a procuré, ainsi que pour mon travail, une halte si bonne et si hospitalière.
De jour en jour, j'ai appris à l'aimer davantage, et nulle part ailleurs je n'aurais préféré édifier une nouvelle existence, une fois que l'univers de ma propre langue a sombré pour moi et que l'Europe, mon lieu d'attache spirituel, s'est elle-même anéantie.
Mais après 60 ans, il faudrait avoir des forces particulières pour complètement recommencer sa vie. Et les miennes sont épuisées

par les longues années de pérégrination loin de mon lieu d'attache.
Aussi, je pense qu'il vaut mieux mettre fin à temps, et la tête haute,
à une existence où le travail intellectuel a toujours été la joie
la plus pure et la liberté personnelle le bien suprême de ce monde.
Je salue tous mes amis. Puissent-ils voir encore les aurores après
la longue nuit! Moi, par trop impatient, je les précède. »
Le Brésil, bien tardivement, venait de prendre le parti des Alliés.
Son président, Getúlio Vargas, décréta des obsèques nationales et décida
que la maison de Zweig à Petrópolis serait transformée en musée.
La revue *Aufbau* consacre à Zweig un numéro d'hommage le 27 février.
Heinrich Mann écrit : « Stefan Zweig était fier de ne pas être,
en cette époque héroïque, un héros, mais de vivre en la tour d'ivoire.
Quand la dernière dalle de la tour d'ivoire a cédé, il n'a pas pu
le supporter. » Et Hermann Kesten : « C'était un fils du bonheur.
Il est mort comme un philosophe. »

BIBLIOGRAPHIE

DE STEFAN ZWEIG

Romans et nouvelles, trad. de l'allemand par Gérard Rudent, préf. de Brigitte Vergne-Cain, éd. Le Livre de Poche-Pochothèque, 2001, 1222 p., 21,50 €
(Conte crépusculaire, Brûlant secret, La Peur, Amok, La Femme et le Paysage, La Nuit fantastique, Lettre d'une inconnue, La Ruelle au clair de lune, Vingt-quatre heures de la vie d'une femme, La Confusion des sentiments, La Collection invisible, Leporella, Le Bouquiniste Mendel, Révélation inattendue, Virata, Rachel contre Dieu, Le Chandelier enterré, Les Deux Jumelles, La Pitié dangereuse, Le Joueur d'échecs).

Romans, nouvelles et théâtre, trad. de l'allemand par Gérard Rudent et Brigitte Vergne-Cain, éd. Le Livre de Poche, Classiques modernes, 1995, 1194 p., 22 €.
(Dans la neige, L'Amour d'Erika Ewald, L'Étoile au-dessus de la forêt, La Marche, Les Prodiges de la vie, La Croix, La Gouvernante, Le Jeu dangereux, Thersite, Histoire d'une déchéance, Le Comédien métamorphosé, Jérémie, La Légende de la troisième colombe, Au bord du lac Léman, La Contrainte, Destruction d'un cœur, Un mariage à Lyon, Ivresse de la métamorphose, Clarissa).

Essais, édition préfacée, établie et annotée par Isabelle Hausser, éd. Le Livre de Poche, Classiques modernes, 1996, 1274 p., 22 €.
(Trois maîtres, Le Combat avec le démon, Trois poètes de leur vie : Stendhal, Casanova, Tolstoï, La Guérison par l'esprit, Le Mystère de la création artistique, Érasme, Montaigne, Parole d'Allemagne, Le Monde sans sommeil, Aux amis de l'étranger, La Tour de Babel, Allocution, Pour la « Freie Tribüne », En cette heure sombre).

Émile Verhaeren, sa vie, son œuvre, éd. Le Livre de Poche, Littérature et documents, 1995, 208 p., 4,55 €.

Romain Rolland, éd. Le Livre de Poche, Littérature et documents, 2003, 384 p., 6,50 €.

Deux grands romanciers du XIXᵉ siècle, Balzac, Dickens, trad. de l'allemand par Alzir Hella et Olivier Bournac, éd. S. Kra, 1927.

Le Voyage dans le passé (1929-1976), trad. de l'allemand par Baptiste Touverey, éd. Grasset, 2008, 172 p., 11 €.

Marie-Antoinette, trad. de l'allemand par Alzir Hella, éd. Le Livre de Poche, Littérature et documents, 1999, 506 p., 6,95 €.

Conscience contre violence, ou Castellion contre Calvin, trad. de l'allemand par Alzir Hella, préface d'Hervé Le Tellier, éd. Le Castor Astral, Littérature, 2008, 204 p., 18 €.

Magellan, trad. de l'allemand par Alzir Hella, éd. Grasset, les Cahiers rouges, 2003, 268 p., 9 €.

Amerigo. Récit d'une erreur historique, trad. de l'allemand par Dominique Autrand, éd. Le Livre de Poche, Littérature et documents, 1996, 128 p., 3,50 €.

Brésil, terre d'avenir, trad. de l'allemand par Jean Longeville, éd. Le Livre de Poche, Littérature et documents, 2002, 286 p., 5,50 €.

Le Monde d'hier. Souvenirs d'un Européen, éd. Le Livre de poche, 1996, 506 p., 6,50 €.

Balzac, le roman de sa vie, trad. de l'allemand par Fernand Delmas, éd. Albin Michel, Littérature-Romans, 1950, 464 p., 22,50 €.

Correspondance, 1897-1919, trad. de l'allemand par Isabelle Kalinowski, éd. Le Livre de Poche, Biblio Romans, 2005, 480 p., 8 €.

Correspondance, 1920-1931, trad. de l'allemand par Laure Bernardi, éd. Le Livre de Poche, Biblio Romans, 2005, 480 p., 8 €.

Correspondance, 1932-1942, trad. de l'allemand par Laure Bernardi, éd. Grasset, 2008, 438 p., 21,90 €.

Verhaeren-Zweig : correspondance, édition établie par Fabrice Van de Kerckhove, éd. Labor, Archives du futur, 1990, 606 p., 27 €.

ESSAIS ET ÉTUDES SUR ZWEIG ET SON ENVIRONNEMENT

L'Avenir de la nostalgie, *Jean-Jacques Lafaye,* éd. du Félin, 1989.
La première biographie de Stefan Zweig en français.

Stefan Zweig, le voyageur et ses mondes, Serge Niémetz, éd. Le Livre de Poche, 1998, 796 p., 9,15 €.
Une traversée biographique d'une remarquable précision.

Stefan Zweig, grand Européen, Jules Romains, éd. de la Maison Française, New York, 1941.
Une célébration parfois « hagiographique », mais riche en détails.

Stefan Zweig et la France, Robert Dumont, éd. Didier, 1967.
Une étude instructive désormais épuisée.

Romain Rolland et Stefan Zweig (1910-1942), Dragoljub-Dragen Nedeljkovic, éd. Klinksieck, 1970.
Monographie d'une amitié franco-allemande.

Romain Rolland, l'Allemagne et la guerre, René Cheval, PUF, 1963.
Biographie centrée sur le rapport de Rolland aux écrivains d'outre-Rhin.

Danube, Claudio Magris, éd. Gallimard, Folio, 1990, 562 p., 9,60 €.
Un texte désormais classique, par un écrivain dont la première parution fut Le Mythe et l'Empire dans la littérature autrichienne moderne (1963).

La Tradition cachée, Hannah Arendt, éd. Christian Bourgois, Choix-Essais, 1993, 256 p., 14,50 €.
Recueil d'articles sur le judaïsme du xxe siècle qui comporte un grand texte sur Le Monde d'hier de Zweig.

Vienne 1900, Michael Pollak, éd. Gallimard, Folio, 1992, 214 p., 7,60 €.
Un vaste panorama littéraire et culturel, par un sociologue disciple de Bourdieu.

Fin de siècle. Politique et culture, Carl E. Schorske, éd. du Seuil, Art et littérature, 1983, 378 p., 40,50 €.
L'étude la plus exhaustive, par un grand critique culturel américain.

EN ANGLAIS

The European of Yesterday. A Biography of Stefan Zweig, Donald A. Prater, éd. Holmes & Meier Publishers Inc, 1972, revised in 2003.
La première grande biographie de référence.

EN ALLEMAND

Stefan Zweig : sein Leben, sein Werk, Hanns Arens, éd. Esslingen, Bechtle, 1968.
Portrait de l'écrivain dans la constellation de ses amitiés.

Repères

CONTRIBUTEURS

RÉMY COLOMBAT

Professeur en études germaniques à la Sorbonne, il a disparu en 2010. Il avait notamment contribué à l'édition de Rilke dans la Bibliothèque de La Pléiade.

YVES IEHL

Maître de conférences en études germaniques à l'université de Toulouse, c'est un spécialiste de Stefan Zweig, auquel il a consacré sa thèse de doctorat ainsi que plusieurs articles.

WOLFGANG KLEIN

Chercheur allemand, auteur de la préface à la correspondance Romain Rolland-Stefan Zweig parue aux éditions Rütten und Loening en 1987. Il a publié avec Sandra Teroni *Pour la défense de la culture* (2005).

JACQUES LE RIDER

Directeur d'études à l'École pratique des hautes études, il a codirigé le *Dictionnaire du monde germanique* (Bayard, 2008). Il a dernièrement publié *L'Allemagne au temps du réalisme. De l'espoir au désenchantement, 1848-1890* (Albin Michel, 2008) et, avec Jean Lacoste, une nouvelle édition du Faust de Goethe *(Urfaust, Faust I, Faust II)* chez Bartillat en 2009.

ANTOINE LIVIO

Journaliste, musicologue et critique, disparu en 2001, il a notamment été chroniqueur à la Radio suisse romande, à France Musique et à France Culture.

GEORGES LOMNÉ

Maître de conférences en histoire moderne à l'université Paris-Est, Marne-la-Vallée. De 2007 à 2010, il a dirigé l'Institut français d'études andines, à Lima, et obtiendra le prix du rayonnement de la langue et de la littérature françaises. Spécialiste de l'Amérique latine, il a traduit les textes de Germán Arciniegas dont sa correspondance avec Stefan Zweig, publiée en annexe du *Chevalier d'El Dorado* (éd. Espaces 34, 1995).

CLAUDE METTRA

Disparu en 2005, il fut notamment producteur à France Culture et publia une vingtaine d'ouvrages tant historiques que philosophiques, dont *Saturne ou l'herbe des âmes* (rééd. Dervy Poche, 2006).

SERGE NIÉMETZ

Écrivain et traducteur, il a publié *Zweig, le voyageur et ses mondes* (Belfond, 1996), biographie qui fait référence. Il a récemment signé les postfaces de quatre rééditions de Stefan Zweig chez Gutenberg.

JEAN-MICHEL PALMIER

Philosophe et historien de l'art, disparu en 1998, il enseigna notamment à l'université de Paris-VIII. Spécialiste de l'histoire des idées sous la République de Weimar, il a publié des ouvrages de référence sur l'expressionnisme, sur Herbert Marcuse, Walter Benjamin ou Ernst Jünger.

GUILLERMO PINA-CONTRERAS

Auteur (*Le Revenant*, 1995) et traducteur (*Vers le port d'origine* de Juan Bosch, 1988), il a été ambassadeur de la République dominicaine au Maroc de 2006 à 2010.

ISABELLE RABINEAU

Productrice radio, elle a notamment participé quotidiennement à l'émission « Panorama » sur France Culture. Elle est l'auteur de l'essai *Modernes libertins* (Le Castor Astral) et a dirigé un recueil consacré à Bernard Lamarche-Vadel (Méréal).

MICHEL RIAUDEL

Maître de conférences à l'université de Poitiers depuis 2009, il travaille notamment sur les notions d'intertextualité et de transferts en littérature comparée (Brésil, États-Unis, Europe).

LIONEL RICHARD

Poète, essayiste, producteur à France Culture et professeur à l'université de Picardie, il est l'auteur de nombreux ouvrages sur l'Allemagne du xxe siècle, dont, récemment, *L'Art et la Guerre : les artistes confrontés à la Seconde Guerre mondiale* (Hachette « Pluriel », 2005), *Le Nazisme et la Culture* (éd. Complexe, 2006), et *Goebbels, Portrait d'un manipulateur* (éd. André Versaille, 2008).

COLETTE SOLER
Psychanalyste formée
par Jacques Lacan, elle pratique
et enseigne à Paris.
Elle dirige par ailleurs les éditions
du Champ lacanien.

ERIKA TUNNER
Agrégée d'allemand, essayiste
et critique littéraire, elle est
spécialiste du romantisme
et des littératures germaniques,
qu'elle a enseignées à l'université
Paris-XII. Elle a notamment
publié *Thomas Bernhard. Un joyeux
mélancolique* (L'Harmattan,
2004) et *Carrefours de rencontres.
De Stefan Zweig à Christa Wolf*
(L'Harmattan, 2005).

FABRICE VAN DE KERCKHOVE
Attaché scientifique aux
Archives et Musée de la littérature
(Bibliothèque royale Albert Ier,
Bruxelles) et auteur de nombreux
ouvrages sur la littérature belge,
il a beaucoup travaillé
sur Verhaeren, dont il a publié
la correspondance avec Zweig
aux éditions Labor, en 1990.

Repères

SOMMAIRE

7   Stefan Zweig, le chasseur d'âmes
    Par *Lionel Richard*

13   1. UN ESPRIT PROTÉIFORME

15 Les heures étoilées de l'humanité
    Par *Jean-Michel Palmier*
25 1942 images seconde
    Par *Isabelle Rabineau*
33 Éclats de lumière sur l'obscurité de l'être
    Par *Claude Mettra*
39 Au malheur des dames, au bonheur des lectrices
    Par *Erika Tunner*
43 Les valses-hésitations de Vienne
    Par *Serge Niémetz*

49   2. UN CITOYEN DU MONDE

51 Dernières nouvelles de Vienne
    Par *Yves Iehl*
59 « Le sort de mes camarades de sang
    m'est mille fois plus important que la littérature »
    Par *Michelle Cayrol*
67 « Il faut se défaire de tout espoir »
    Par *Alexis Lacroix*
73 Le Brésil, ou l'exil dans le monde de demain
    Par *Michel Riaudel*
81 Un Européen en terre d'utopie
    Par *Guillermo Pina-Contreras*
85 Désillusions sud-américaines
    Par *Georges Lomné*
93 L'Europe, sa ferveur puis son tourment
    Par *Jacques Le Rider*
103 Un exil avant tout intérieur
    Par *Lionel Richard*

113 3. ADMIRATIONS ET AMITIÉS

115 Une lecture vitaliste de Rimbaud
Par *Rémy Colombat*

125 Zweig et Rolland, trente ans d'une haute amitié
Par *Wolfgang Klein*

131 Freud, « l'incurable désillusionniste »
Par *Colette Soler*

137 Verhaeren, une affection passionnée
Par *Fabrice Van De Kerckhove*

149 L'ombre du nazisme sur le duo avec Richard Strauss
Par *Antoine Livio*

159 4. DOCUMENTS

161 « Aujourd'hui, un homme comme Érasme serait on ne peut plus nécessaire »
Entretien avec *André Rousseaux*

167 Pour des États-Unis d'Europe
Par *Stefan Zweig*

177 Deux lettres inédites de Stefan Zweig

183 Pour une Europe de l'esprit
Par *Stefan Zweig*

187 5. REPÈRES

188 Chronologie
Par *Michelle Cayrol*

210 Bibliographie

214 Contributeurs

Design : Franc Sérac
Crédit photo de couverture : Photo-Re-Pubblic/Leemage

Copyright Magazine Littéraire
Société éditrice : Sophia Publications

ISBN 979-10-91530-01-9
Dépôt légal : octobre 2012
Imprimé par Hérissey (France)